教養としての
「世界史」の
読み方

文 明 的 兴 衰

〔日〕**本村凌二**◎著
吴宇鹏◎译

中国友谊出版公司

图书在版编目（CIP）数据

文明的兴衰 /（日）本村凌二著；吴宇鹏译 . -- 北京：中国友谊出版公司，2021.9（2023.12 重印）

ISBN 978-7-5057-5156-9

Ⅰ . ①文… Ⅱ . ①本… ②吴… Ⅲ . ①世界史—通俗读物 Ⅳ . ① K109

中国版本图书馆 CIP 数据核字 (2021) 第 044015 号

著作权合同登记号　图字：01-2021-1200

KYOYO TOSHITE NO "SEKAI SHI" NO YOMIKATA
Copyright © 2017 by Ryoji MOTOMURA
All rights reserved.
First original Japanese edition published by PHP Institute, Inc., Japan.
Simplified Chinese translation rights arranged with PHP Institute, Inc.
through Bardon-Chinese Media Agency

书名	文明的兴衰
作者	[日] 本村凌二
译者	吴宇鹏
出版	中国友谊出版公司
发行	中国友谊出版公司
经销	新华书店
印刷	天津旭丰源印刷有限公司
规格	880 毫米 ×1230 毫米　32 开 8.5 印张　162 千字
版次	2021 年 9 月第 1 版
印次	2023 年 12 月第 2 次印刷
书号	ISBN 978-7-5057-5156-9
定价	49.00 元
地址	北京市朝阳区西坝河南里 17 号楼
邮编	100028
电话	(010) 64678009

前　言

说来有趣，笔者时常能够听到类似"虽然我喜欢日本史，但世界史的话实在是有些……"的论调。话虽如此，近年来老百姓出国探访的机会时而有之，且访日的外国人数量也只增不减。英国退出欧盟、美国总统选举，这些新闻如身边平凡事一般被广泛报道；愈发猖獗的激进分子所策划的恐怖活动似乎也如影随形。

或许是痛感再无法对世界的诸多变化置若罔闻，这10来年，笔者愈发感受到大众对"世界史"与日俱增的关注度，而许多书籍也打着"世界史"的名号问世，据说还收获了一大批忠实拥趸。让人十分在意的是，我印象里这些书籍所使用的叙述角度多站在非专业历史学家的一侧。但如果我们谈论的不是历史，而是医学或物理学领域的内容时又会怎样呢？打头阵的想必都是专家学者吧！看起来，这似乎是由于历史本身所涉及内容既广泛又易于理解的特性，让真正的历史专家不得不退居二线。

这里提到的历史学家，指的是在狭义概念上接受过严格的

实证史学 [1] 训练的研究者。这类研究者的生涯里基本只待在某个单一领域做文章，而面对那些不在自己专业范围内的东西（如其他时代和地区的问题）时皆三缄其口。不随意发言并顾虑到可能会出现的错误评价及其影响，良心审慎主导下的行事原则自然是无可厚非的。

但有些时候，正是狭义的历史学家才能拥有更锐利的眼光。作为狭义历史学家中的一员，笔者虽常年潜心于罗马史研究，但作为现代的日本人，能够跨越专业的束缚并讲述当今故事，在笔者看来并不是令人感到羞涩的事情。对专业的潜心钻研、人生经验的积累，也理应造就自身独有的看待历史的视野和方式。因此，认真思考"世界史"的脉络就显得尤为重要。

即便是他国的过往旧事，只要和本国历史上的二三事进行比较，规律和本质都会浮出水面。例如，想要充分理解罗马帝国社会本质的话，若我们能以日本江户时代后期的社会与其做对比，就变得浅显易懂多了：两者的时代中，人口皆为 100 万；都拥有清洁的水源配置，同时公共浴场和澡堂行业也十分繁荣；识字率都很高，罗马流行讽刺诗歌，而日本以川柳 [2] 和狂

---

1. 实证史学是 19 世纪中期至 20 世纪初期西方史学的主流思潮，盛行于法国，实证史学力图使史学成为一门科学，排斥形而上学，强调感觉、经验，重视史学方法论、客观叙事、史料搜集和考证。实证史学的出现，使西方历史学得以独立和成熟，但其理论有不少缺陷，其地位在 20 世纪 20 年代以后被取代。
2. 川柳是日本的一种诗歌形式，其内容多调侃社会现象，随心所欲又轻松诙谐。

歌[1]见长。当以这样的角度去审视一切时，即便是现代的日本人，也不由得会对罗马社会产生亲近之感。

能像这样发现历史间的微妙联系的，恰好就是那些专门研究罗马史的日本人。放眼全球、纵观世界历史的气魄固然重要，但用何种方式去解读历史，则更为要紧。

自文字被创造、人类文明史开启以来，至今已度过了5000年春秋，而古代则占据了其中的4000年。其中，以罗马帝国为中心、地中海历史为代表的历史阶段大放异彩，对人类来说也有着不可言喻的重大意义。以地中海世界的文明史作为基点，转而将目光投向整个世界史，我们能看到的绝不是一张单纯的鸟瞰图，而是"世界史的解读方法"。

诚然，对历史感兴趣的人有千千万万，感知历史的意义并各抒己见绝非坏事。本书亦别无他意，不过是打算从专门研究古代史的历史学家角度出发，为诸位读者提供解读世界史的又一种可能性。在如今"绝对不掺和自己专业领域外的内容"的大风气下，笔者的尝试若能够打破以往的僵局，幸甚至哉。

本村凌二

---

1. 狂歌以5、7、5、7、7的音节顺序排列，短小精悍，以讽刺社会为主题，带有滑稽意味，是日本特有的诗歌文艺。

目 录

C O N T E N T S

第4章　为何人类开展大迁徙

——从日耳曼民族、罗马帝国、大航海时代到难民问题

第7章 一切历史都是当代史
——识古知今

序　章

何为"向历史学习"

——愚者向经验学习，而贤者向历史学习

环球标准下的"素养"

笔者这次斗胆撰写以"必备素养"为主题的世界史书，并非毫无理由。

本人现在执教于早稻田大学的国际教养学部。不愧于"国际"这一名号，这里的学生们都拥有极高的语言学习能力；但非常遗憾，不得不说他们的"素养"水平实在不敢恭维。恐怕，不仅限于早稻田的学生们，这也是目前大多数人所面对的共通问题。作为个人技能的关键一环，切实地掌握英语确实相当重要，但如果核心的"素养"无法达标，即便身怀英语绝技，终难以愉悦地在国际舞台上展开交流对话，而究其原因，若缺乏应有的"素养"，"言之有物"的会话亦不可能实现。

作为国际人——不，在那之前，作为起码的社会人，我们必须认识到"素养"其实要比"语言能力"更值得重视。

"真想掌握在国际社会里都能通用的'素养'啊！"

正这么想着，另一个棘手的问题又出现了：存在于国际社会中的"素养"是什么？换言之，究竟什么才是环球标准下的"素养"？有关这个问题的讨论，或许存在各种不同的观点，但依笔者拙见，环球标准下的"素养"应为"古典"与"世界史"。长年累月地被广泛阅读、代代传承不息的文艺和思想作品之大集"古典"，即便历经沧海桑田亦亘古不变，它们满载着人类社会的普遍真理。因此，只需认真仔细地阅览古籍，便能掌握到许多重要的知识。事实上，笔者到目前为止的人生中虽阅书无数，但真正留下了深刻印象的却无一不是古籍名著。

最近手捧"古典"的人日渐稀少，可能也有先入为主的观念作祟。但无需赘言，只要尝试着投入其中，便会愈读愈感到饶有趣味。2006 年，龟山郁夫[1]先生的新版译作，来自陀思妥耶夫斯基[2]的《卡拉马佐夫兄弟》一跃成为年度畅销书。像这样，优秀的古典作品也会不断地掀起一波又一波的阅读热潮。由此，

---

1. 龟山郁夫（1949—）是日本著名的俄国文学研究者，现担任名古屋外国语大学校长、东京外国语大学名誉教授。他还是东京外国语大学前任校长，日本艺术院会员。研究方向为俄罗斯文化与俄国文学。

2. 费奥多尔·米哈伊洛维奇·陀思妥耶夫斯基（1821—1881），俄国作家。陀思妥耶夫斯基从 20 岁左右开始写作，共创作了 11 部长篇小说、3 部中篇小说及 17 部短篇小说，其文学风格对 20 世纪的世界文坛产生了深远的影响。

本书也将会尽可能地推荐各类好书佳作。请大家务必多加阅读，以此来增进对古典的熟悉感吧。

培育"素养"还有另外一个发力点，那就是"世界史"。当然，这里所说的世界史自然也包括日本史在内。为何说世界史对于"素养"而言是逃不开的必选项？因为历史是集人类经验之大成者，无一物可与之比拟。

"愚者向经验学习，而贤者向历史学习。"

据说，这是来自人称"铁血宰相"的德国宰相奥托·冯·俾斯麦（1815—1898）的一句名言。而实际上，他的原话在表达上似乎略有不同。

"Nu rein Idiot glaubt, aus den eigenen Erfahrungen zu lernen.

"Ich ziehe es vor, aus den Erfahrungen anderer zu lernen, um von vorneherein eigene Fehler zu vermeiden."

直译这一段话，应为："我相信愚者只会从自己的过往经验中求知。我本人倒不如说，为了从一开始就能避开自己的错误，而更喜爱从他人的经验中学习。"直译在气势上不免略逊一筹，但其想要表达的中心思想却和开头的格言大致相同。

总体而言，经验囿于个人体验，无论是范围和规模都受到了一定限制。历史则至少涵盖了过去 5000 年文明史的体量，是汲取了所有人的经验的浓缩精华。比起个人经验，它拥有更多值得学习的内容。也正因如此，贤者才会倾向于向历史学习。笔者认为，只要能切实掌握传授人类社会普遍真理的"古籍名著"，再加上人类经验之集大成者"世界史"，"素养"的基石便构筑完毕。

"向历史学习"是难以实现的

珍贵的"古典"向我们诉说着人间真理，但单凭阅览和理解是无法"向历史学习"的。如何才能够达成这一目标？实际上，这个问题也困扰了笔者多年。单纯机械地阅读历史书籍，或是牢记人名和各大历史事件，离"向历史学习"的愿景依旧很远。产生如上观点的契机，源于高中时代拜读过的《历史哲学讲演录》（上下卷，黑格尔[1] 著，鬼头英一[2] 译，春秋社）。书中说道：

"但是，经验和历史告诉我们的是这样：各民众及政府从

---

1. 格奥尔格·威廉·弗里德里希·黑格尔（1770—1831）是德国著名哲学家，德国19世纪唯心论哲学的代表人物之一。黑格尔的思想标志着19世纪德国唯心主义哲学运动的顶峰，对后世哲学流派，如存在主义和马克思的历史唯物主义都产生了深远的影响。

2. 鬼头英一（1908—1969）为日本著名哲学家。1930年毕业于东京帝国大学文学部哲学科。昭和初期开始研究存在主义哲学，并向日本民众大力推广海德格尔和雅斯贝尔斯的学说。后来在70年代的日本全学共斗会议活动浪潮中自杀。

来都没有从历史中学到什么，也从来没有按照从历史中所能吸取的那些教训开展活动。"

《历史哲学讲演录》是19世纪德国著名哲学家格奥尔格·威廉·弗里德里希·黑格尔过往讲义的归纳合集。这段话告诉我们，习惯于群体活动的人类即便到了现在，也仍未能从过往历史中学到一丝半毫的经验。确实，人类在历史上已犯过无数次同样的错误。由是，每当笔者在思考历史相关的问题时，总会不禁想起这段话。

在这里，还有一个问题赤裸裸地摆在了我们面前：即便群体活动的人类不进行对历史的学习，作为个人难道就不能从历史的教训中获得智慧并运用到生活中去吗？当初笔者在大学专攻的虽是西方史，但与其说对世界史抱有极大的兴趣，实际的动力来源却是对"历史哲学"的热切渴望。奈何日本的大学里压根就没有"历史哲学"这种东西，有的要么是"哲学"、要么是"历史"。无论如何都想要折腾历史哲学的话，只能选择钻研哲学的同时顺便思考历史，或是专攻历史之余思索哲学，二选一。笔者毫不犹豫地选择了后者。

究其原因，除了提出"历史哲学"概念的黑格尔本人也是走这个路线以外，也考虑到哲学家眼中的历史往往会戴上主观意识的有色眼镜，从而引发变数。笔者想要追求的，须是能以海量的具体历史素材为踏板，揭示历史事件中所蕴含的内在的

"历史哲学"。换言之，笔者眼中的历史哲学，必然是包含了从历史中汲取"内涵"这一过程的。

基于这个想法，当时尚在东京大学执教的笔者特地开设了一门以"历史哲学"为名的课程。顺便，笔者也对"为何人类难以向历史学习"这个议题展开了深刻的思考。而后猛然发觉："人类只会看自己想看的东西，而真正敢于直视现实的人少之又少。"如此一来，很多问题也能够得到终极的解释了：如果从现实生活中根本无法提炼出"内涵"的话，即便得到再多的知识又何谈"向历史学习"呢？从历史中领悟"内涵"的目标若能实现，无论好坏，至少证明了人类还是能学有所得的。

前些日子，某所文化学校开展了以"人类迁徙"为名的系列讲座，包含罗马、蒙古帝国、奥斯曼帝国以及犹太教在内的四大主题。其中，笔者有幸担任了"罗马"主题的讲座主持，而现场热烈的氛围也令主办方始料未及。一般来说，平日里像这样的主题讲座顶多只能吸引大约 30 名观众，但当时足足有 70 个人提交了参加讲座的申请。

何以至此般盛况？

各位读者可能会说："这难道不是因为讲演者本身的人气所带来的影响吗？"此言差矣。事实上，大家都希望能从"人类迁徙"的主题当中获得启发，并以此理解最近发生的一系列难民问题。他们所探寻的，不正是民族与人口移动迁徙的"内涵"吗？对感兴趣的事物投以目光是人之常情。如今难民问题不再遥不可及，它在方方面面都对我们的生活产生了重大的影响；切身的感受也有助于对"人类迁徙"这一历史现象进行理解和重构。话虽如此，同样是对人类迁徙主题深感兴趣的这批人，在面对其他时代或主题的内容时又再度对其"内涵"不能理解，从而兴趣尽失。

有一说一，潜藏在历史中的内涵与教训并非全都简单易懂，多的是需要仔细思考才能解读的重要内容和结论。只有直面现实世界并以真挚的态度看待历史，才能将这些高阶的知识收入囊中，而这也呼应了上述"人类难以向历史学习"的观点。

托尔斯泰对历史学家的强烈批判

学习历史的热情被点燃之后，许多人都会乘兴购入历史学家所撰写的书籍一探究竟。但想必许多人都拥有过这样的体验：尝试着读了几页后，就会因过分无趣而将其束之高阁。

很遗憾，专业的历史书籍确实就是这般了无生趣的东西，而且这样的情况似乎已经持续好些年了。俄国大文豪列夫·尼古拉耶维奇·托尔斯泰[1]曾在《战争与和平》的结尾部分对历史

---

1. 列夫·尼古拉耶维奇·托尔斯泰（1828—1910），俄国小说家、哲学家、政治思想家，也是非暴力的基督教无政府主义者和教育改革家。他是托尔斯泰这个贵族家族中最有影响力的一位，著有《战争与和平》《安娜·卡列尼娜》和《复活》，被认为是世界最伟大的作家之一。

学家进行了强烈的批判：

> "恰恰相反，这是对所有史学家，从回忆录、各国专史到那个时代的新文化通史的编著者所做出的矛盾百出和答非所问的论述所给予的最温和的表述。
>
> "这些回答之所以荒诞可笑，是因为现代史好像一个聋子，在回答着谁也没有问他的问题。"
>
> （《战争与和平》，尾声二，托尔斯泰著，藤沼贵译，岩波文库）

也就是说历史学家所做的，不过都是在自顾自地讨论无人问津也无人质疑的内容罢了。这样的人写出的东西怎么可能生动有趣呢？写出这些谁都提不起兴趣的东西又是图什么呢？托尔斯泰的《战争与和平》一书，不仅是站在了他所批判的历史学家的对立面——估计他也想振臂大呼："你们给我好好瞧瞧，只有这样的历史才能让人主动捧起书本来阅读！"

《战争与和平》里的登场人物确实生动鲜明而又性格各异、引人入胜，说它是世界最佳的历史文学作品，亦不为过。但是恰恰就有一些历史学家的学术论文，让身为专家的笔者看完后，也不由得发出"这个主题究竟哪里有趣了"的慨叹。

专业的历史学家反而没办法讲好故事，而另外一批并非历史专家的素人作品却广受追捧。其中包括新闻记者池上彰与前外交官兼作家佐藤优共同撰写的《大世界史：现代生存的最强教科书》（文春新书）在内的作品，无一不洋溢着轻松易懂、阅读舒适的文风。撰写简单易懂的历史书籍的任务本应交给真正的历史学家去做，但学术的严谨使得他们生怕自己说错话，因此大多数历史学家都会畏手畏脚，不愿撰写自己专业领域外的内容。如此越是专业化、细分化，所写内容的范围也越收越窄，最后演变成连一般人都不感兴趣的枯燥文本也就不足为奇了。从这个角度上说，正因为池上先生和佐藤先生都不是专业的历史学家，才更能大胆地谈论和分析某一事件或现象，最后出来的东西反而妙趣横生。

　　某种程度上讲虽也是不得已而为之，但作为学者，笔者认为就那样也没什么不好的。即使可能会变得毫无趣味，也依然有些历史值得我们去深入研究。《战争与和平》虽是佳作不假，但它的故事也只是基于粗略的历史脉络而已，不过一本小说、一部虚构作品耳。与之相比，历史学家的作品可能枯燥乏味，但它们却都以真挚的态度直面人类的过往经验，并尽可能地以最接近史实的方式进行内容呈现。这种价值所在，自然与虚构作品截然不同。

　　正因如此，笔者虽持有"历史学家笔下的内容大多无聊透顶"的讽刺意见，但除此以外，也希望各位同仁能真诚地面对丰富多彩的人类历史经验，并以此来放眼观世界。

掌握必备"素养"所需的七个观察角度

笔者以历史学家之身去讲述专业人士著书的意义，这种做法多少有些帮腔辩护的味道。但笔者也认为，论文之类的姑且不谈，即便是历史学家也理应能把普通书籍写得充满阅读乐趣。诚然，笔者在面对托尔斯泰时尚未能妄言豪语："怎么样！历史学家写的东西也是很有趣的！"但本书仍力求抛弃历史学家身上常见的畏缩恐慌心态，在面对自己本专业外的知识乃至历史学里尚未定论的言论与观点时依然保持淡定，并尽可能向大众呈现津津乐道的内容。

由此，在开展本书的撰写工作时，笔者除了沿袭以往历史书籍中常见的"纵向历史"（以时间顺序排列）理论外，还大量引入了"横向历史"的概念。顾名思义，它突破了"世界史即世界各国历史的集合体"的框架，而是将关注点更多地移到世界的历史、人类的历史身上。人类为何繁衍生生不息？从中我们又能够学习到什么？这正是笔者想要向各位读者推荐的、属于"历史哲学"的世界。为了能让各位进一步感知历史哲学，笔者精心准备了如下共计七个章节。对于在学校从未接触过类似内容的日本人来说，可能多少会有些吃力，但若要将环球标准下的"素养"化为己用，读懂它们绝对是不可或缺的一步。

1. 文明为何发源自江流河畔

2. 从罗马出发窥探世界

3. 相同的时间，相同的事件

4. 为何人类开展大迁徙

5. 脱离宗教则无从讨论历史

6. 由共和制揭示日本与西方的异同

7. 一切历史都是当代史

在此简单介绍一下各章节的主要内容。

1. 文明为何发源自江流河畔

世界各文明的发展与进化实际上并不是同步的。

哥伦布于 1492 年踏上新大陆时，美洲仍是一片荒凉的原野。当地原住民的生活状态与同时代的欧洲相比，可谓一个天一个地，无异于原始社会。美洲大陆为什么没有产生先进的文明？而相对应的，古希腊与地中海地区的文明又为何能在久远的年代里发展壮大起来？笔者认为，回答这个问题的关键，取决于"马"的存在与否。

笔者曾在过往的著述《马之世界史》（中公文库）的开头部分中提到："要是没有马的存在，21 世纪应该还处于古代时期。"笔者是忠实的赛马爱好者；深稔这点的朋友们往往会对此付之一笑，但上述观点的提出源自真心，绝非笔者的心血来潮。

毋庸置疑，马的存在不仅对文明的诞生举足轻重，并且还或多或少地影响着文明发展的速度。20 世纪德国著名哲学家卡尔·雅斯贝尔斯[1]也在其著作《历史的起源与目标》中提出过类似的观点。

多亏了马，我们才能将人和物资更快、更远地进行运送；另外战车与骑兵也常常象征着更为强大的武力。对马匹灵活且充分的运用，是引领人类进入文明社会的一大动力。

或许有人会反驳："你这话就不对了吧！美洲大陆的原住民不也是骑马的吗？"这种误解，恐怕是受传统西部牛仔电影的影响而导致的，因为在 15 世纪欧洲人到来之前，美洲大陆根本就不存在马这个物种；而换个角度——基于当地出土的大量化石证据，当我们将时间尺度上溯到一万年前，确实也曾有过相当规模的马匹生息在这片土地上。但随着人类开始在美洲大陆定居和繁衍，当地的马匹亦在数千年间被捕食殆尽，物种也因此灭绝。位于中美洲的印加帝国以其宏伟气派的石造建筑而闻名于世，但当我们仔细观察遗迹和遗物时便不难发现，在这其中从未出现过马匹的身影。他们当时所使用的，其实都是骆驼科下名为

---

1. 卡尔·特奥多尔·雅斯贝尔斯（1883—1969），德国哲学家和精神病学家、基督教存在主义的代表。在《历史的起源与目标》中，他提出了著名的"轴心时代"观点。雅斯贝尔斯将"存在哲学"与让 - 保罗·萨特的"存在主义"进行了严格的区分，被看作是存在哲学的杰出代表人物。

大羊驼和羊驼的两种家畜。

当然，马的存在与否并不是文明产生与发展的先决因素。那么除此以外，还需要哪些条件呢？笔者在本章中针对这个疑问，结合对"文明的定义是什么"的探究展开了深入思考。

2．从罗马出发窥探世界

"罗马的历史中凝缩了人类的所有经验。"

这句话出自丸山真男[1]在距今约 40 年前的某场对话中。笔者对其中细节的回忆虽不甚准确，但仍依稀记得丸山先生说过："人类所经历的全部历史，早已在罗马史里上演过了。因此罗马史在某种程度上，可以说是一个巨大的社会科学试验场。"笔者在研究生时代初次接触到这场对谈，获益匪浅、深有感触，至今仍能回忆出此中细节。

系统精妙的罗马即便说是文明的雏形亦不为过，它极好地展现出了历史的起承转合。一个由意大利半岛诞生的小型部族国家逐步发展壮大，统一了拉齐奥[2]地区进而统一整个意大利

---

1. 丸山真男（1914—1996），日本政治学家、思想史家，东京大学法学部政治思想讲座教授，专攻政治思想史，被认为是第二次世界大战后日本影响力最大的政治学者。
2. 拉齐奥（Lătĭŭm）或被译作"拉丁姆"，是意大利中西部的一个区域，在那里罗马城建立并扩展至罗马帝国首都。该地居民在罗马王国建立前使用的语言，即为拉丁文的前身。

半岛。旋即又将霸权的触手伸向西地中海,与迦太基[1]展开鏖战,最终建立起吞并了整个地中海地区的巨型帝国。罗马自帝国时期以来,少说也持续了将近500年,若将拜占庭[2]帝国历史也包含在内的话,前后约存在了1500年。在其他地区的历史中,从未出现过能如罗马帝国这般持久地治理如此大片区域的先例。但即便是以稳定持久而著称的罗马帝国,最终仍免不了走向没落。

围绕罗马史的疑问中,不乏"兴旺发达的原因是什么?""为何能如此长治久安?"以及"缘何最终走向没落?"这样的问题。这些观点,显然也是用以观察其他文明的重要标杆。罗马史向我们充分展示了文明兴衰荣枯的过程,而通过与其他地区和时代的比较,能较为清楚地剖析某文明发展的高度与特性。例如,当我们想要把罗马史与日本史放在一起比较的时候,出于横向

---

1. 迦太基是一个坐落于北非海岸(今突尼斯)的城市,与罗马隔海相望。古迦太基曾与古希腊争夺地中海霸权,后又与罗马争夺霸权。最后因为在三次布匿战争中均被罗马共和国打败,于前146年灭亡。

2. 拜占庭(Byzantium)是一个古希腊城市,也为今土耳其伊斯坦布尔(君士坦丁堡)的旧名,相传由来自墨伽拉的殖民者于前667年建立。拜占庭的名字据说出自他们的王"拜占斯"。4世纪中期,该城发展成东罗马帝国(即拜占庭帝国)的中心,更名为君士坦丁堡,直至1453年又更名为科斯坦丁利耶(君士坦丁堡突厥语发音)。奥斯曼帝国灭亡后方更名为伊斯坦布尔,在希腊语中意为"进城去"。

比较的基准，我们会理所当然地把同为古代的奈良时代与平安时代的日本作为参照，但实际上这种对比是不符合道理的。以笔者的观点来说，江户时代的日本才更为恰当。从文明发展的高度层面上看，似乎罗马更为发达，但江户时代的日本其实与之不分伯仲。作为日本人，若要充分理解罗马，并且从各文明比较的角度去了解日本的话，以江户时代后期（1750 年以后）和罗马时代作为观察对象最为适宜。

这样，两者之间的相似点也就不言自明了。以水源管道设施为例，罗马从若干条河流里引水使用。而江户时代的日本，也有像玉川上水[1]这样十分洁净的取水点。同样处于 18 世纪后半叶的伦敦与巴黎在水源问题上就没有这么幸运了，相当糟糕。巴黎并未为供水设置特别的水源地，只不过草草地从塞纳河[2]上游地段引水，但即便如此，水质也好不到哪里去。

曾有一段时间，罗马因为在文化艺术层面不如古希腊强盛，整个社会都弥漫着一股"世道已经颓废了"的氛围，以此为主

---

1. 玉川上水引自多摩川，从东京都羽村市流至新宿区四谷，日本江户时代承应元年（1652）由玉川庄右卫门与玉川清右卫门兄弟开通，遂称玉川上水。1948 年 6 月 13 日深夜，日本著名作家太宰治与爱人山崎富荣于玉川上水投水自尽。
2. 塞纳河是流经巴黎市中心的法国第二大河，全长 780 千米，流域面积 7.8 万平方千米。位于巴黎的塞纳河沿岸地区于 1991 年被联合国教科文组织列为世界文化遗产。

题进行创作的"讽刺诗"风靡一时；江户时代后期的日本也有过以讽刺社会为主的川柳和狂歌风潮。像这样，通过与罗马的比较，很容易就能捕捉到某一文明历史中的人类生活规范。

3. 相同的时间，相同的事件

公元前 202 年是罗马史上极为重要的一年。

这一年，大西庇阿[1]所率领的罗马军队与汉尼拔[2]的迦太基军队在北非一个名叫"扎玛"的城市多番交锋，而此前一直处于劣势的罗马军队在第二次布匿战争中大获全胜。经此一役，罗马彻底掌握了西地中海的霸权，并建立了事实上的"罗马帝国"。

这个年份几乎决定了今后西方世界的命运走向。当视线转向东方，遥远的东方世界也发生了一场决定了东方世界今后命运的重要战役。这场战役，便是以项羽和刘邦的对决为名并流

---

1. 普布利乌斯・科尔内留斯・西庇阿（Publius Cornelius Scipio Africanus, 前 235—前 183）是罗马统帅和政治家。他是第二次布匿战争中罗马方面的主要将领之一，以在扎玛战役中打败迦太基统帅汉尼拔而著称于世。由于西庇阿的胜利，罗马人以绝对有利的条件结束了第二次布匿战争。西庇阿因此得到"征服非洲者"（Africanus）的称号。
2. 汉尼拔・巴卡（Hannibal Barca, 前 247—前 183），北非古国迦太基著名军事家，出生于巴卡家族。其成长的时代正逢罗马共和国势力的崛起。少时随父进军西班牙，并向父亲立下要终身与罗马为敌的誓言。他自小接受严格和艰苦的军事锻炼，在军事及外交活动上有卓越表现，是现今仍为许多军事学家所研究的重要军事战略家之一。

传有"四面楚歌"之典故的"垓下之战"。刘邦的胜利，为汉王朝的建立定下了基础。换言之，在这奇幻的一年，东方和西方都同时建立起了巨大的帝国。

正如"扎玛战役"与"垓下之战"之间所体现的巧合性一样，即便两者在此之前毫无交集且天各一方，但却在相同的年份奇迹般地发生了相同的事情，而这种情况绝非孤例。若习惯于纵向历史的陈述，则很难发现其中的"同时代性"。以横向的方式去观察，或许有助于我们更好地理解不一样的世界。

4．为何人类开展大迁徙

上文提到，因最近对难民问题的讨论日渐增多，笔者亦曾受邀在某所文化学校举办的"人类迁徙"座谈会上讲演，畅所欲言的内容吸引了约70人的观众。实际上，日本作为四面环海的岛国，极少有其他民族人口越过国境并大量流入的情况。虽然难民问题常招致不安并被视作洪水猛兽，但只要回顾一下历史，我们便不难发现，种族移民、人口迁徙等人员流动到各地的行为，至今仍持续地在世界各地发生着。在过去5000年的文明史中，自然也是再平凡不过的小事。

那么，为何人类会有迁徙行为呢？我们详细地进行分析，便会得出气候趋于寒冷、食物不足、战乱或宗教问题等等结论。原因虽五花八门，但是中心思想只有一个：人类为了寻求更好的生存条件。如今的叙利亚难民问题，亦复如是——无法再继续正常生活的情况下，不得不迁移到别处以求生存，这与千百年来寻找"生存条件更为优越"的本能并无不同。

无论这种勇气源自被逼无奈，抑或是受到个人意志的驱使，大量的人口流动诱发了连锁反应，使流入地诞生出崭新的人口迁徙形式，并成为一大潮流。随着不同民族的到来，语言、宗教以及文化也交错共生，人类迁徙实际上绝非单纯的人口移动，它同时也促进了新世界秩序的形成。

日本向来少有外来侵入，且日本人也缺乏探索彼岸的欲望，想必难以切身地理解上述内容。所幸，现如今海洋对于人口移动而言已不构成障碍。但另一个层面也说明，当我们面对现代难民问题时，再也不能采取隔岸观火、袖手旁观的态度了。加之近年来朝鲜半岛大规模的局势动荡也令日本深感忧虑：朝鲜局势一旦崩盘，大量难民将会流入韩国和中国，日本自然也难以独善其身。正是这种潜在的危险性，迫切地要求我们对频繁发生于世界各地的"人类迁徙"的本质进行更为准确而详尽的了解。

5. 脱离宗教则无从讨论历史

美国政治学家塞缪尔·P. 亨廷顿[1]在其著作《文明冲突论》

---

1. 塞缪尔·菲利普斯·亨廷顿（Samuel Phillips Huntington，1927 年 4 月 18 日—2008 年 12 月 24 日），当代颇有争议的美国保守派政治学家。他以《文明冲突论》闻名于世，认为 21 世纪国际政治的核心政治角力是在不同文明之间而非国家之间。亨廷顿与莫里斯·詹诺维茨是 20 世纪晚期政军关系研究的先驱者。他个人的政治定位是民主党右翼。近来，他对美国移民问题的看法亦广受关注。

中提出了"文明即宗教"的观点。该观点认为，世界由各种各样的文明所构成，而文明之间产生对立与冲突的根源，就在于其本质上所具备的宗教属性。日本人习惯于将政治和宗教分开讨论，实际上一旦脱离宗教，世界的构成根本就无从谈起。神是何时诞生的？一神论又是如何从多神论世界中脱颖而出的？在本章中，笔者将从宗教的根源着手，共同探讨日本人容易忽视的那些宗教问题。

6. 由共和制揭示日本与西方的异同

日本虽然是高举民主主义旗帜的国家，但我们能说日本是一个"共和国"吗？

民主主义与共和主义之间又究竟有何不同？

对于上述问题，各位读者能信心满满地回答吗？

想要让日本人对共和思想进行理解，着实是过于严苛了。毕竟日本由古至今都笼罩在天皇制度之下。不仅如此，时代变迁理应伴随着不同政治制度的诞生，但日本却在名为幕府的执政者统治下持续至今。以往虽不乏在小型集团共同体中共议国是的情况，但民众层面对于国家问题展开议论和应对，却是近代以来才有的事情了。

与此相比，西方的政治根源则在于共和制。西方国家里拥戴君主的并不在少数；但即便如此，其精神内核却依然属于共和主义。两者究竟有何差异？

其一，东方君主与西方君主之间的差别尤为关键。

罗马皇帝是典型的一例。西方执政者通常都不忌于向民众展现真容，也经常开展各类活动。但包括中国皇帝、日本天皇及将军在内的东方执政者，都热衷于垂帘听政，少有接触平民百姓的机会。罗马共和政治的基础，并不在于通过讨论达成少数服从多数的决议，而是竭力避免独裁者的产生。不允许有独裁者也就意味着：只要不是独裁者，领导人的存在就是能被接受的。无论是古希腊还是罗马帝国，国家管理最为鼎盛的时期都是由优秀的领导人执政的。这些十分出色的领导人通过讲演来说服民众，并进行引导和管理。因为西方的君主制国家都是在这样的土壤中诞生的，所以他们的君主其实是一个并非实际存在的"王"，其精神内核依旧是领导人。

真正的"共和"究竟是何样貌？通过对罗马共和政治的探讨，或许有助于我们更好地理解西方国家。

7．一切历史都是当代史

许多人认为，历史就是一门学习和了解过往事件的学问。确实，历史学家们为了摸清过去发生过的事件，翻阅文献、调查遗迹，以求对当时的风物人情有更为深刻的了解。对历史这个学科而言，知识储备自然必不可少，但纯粹获得知识绝不是历史学的本质。我等学者孜孜不倦地学习过往的知识，目的是为了能在当下时代做出最佳的选择。

广岛的和平都市纪念碑[1]镌刻有"请安息吧，过去的错误将不再重演！"的碑文。为何要学习历史，笔者认为这句话便是最好的解答。丸山真男所言"罗马的历史中凝缩了人类的所有经验"，其实也暗喻当今人类依然一样不漏地重犯着罗马历史中所出现过的错误——这不得不说是一种讽刺。

正确地学习历史、认识历史，最佳的方法是消除掉历史事件与自身之间的隔阂，将历史问题视为个人正在经历的问题。当今世界上绝大多数问题的发生，实际都与过去人类犯下的错误息息相关。若我们能重新以现代的眼光去审视过往历史，则有望将获得的知识运用到未来中去。

"世界史"如今为何备受关注

在此之前，多数人在学习历史的时候都从本国历史开始入门。在日本，笔者身边有许多历史爱好者，虽十分喜爱日本史，但对世界史则兴趣寥寥。为何大家会对世界史的学习敬而远之？笔者认为其原因有很多，而其中占据主流观点的，则来自于对5000年以上的历史之厚重、世界范围之广大的望而生畏。加之，历史中

---

1. 广岛和平都市纪念碑（原子弹爆炸死难者慰灵碑）位于广岛和平纪念公园内。1954年4月1日，该纪念公园落成，设计者为丹下健三和野口勇。此后，广岛市每年8月6日都会在这座公园举行仪式，以悼念遇难者。

的许多人名与地名都用片假名[1]进行书写，实在是晦涩至极难以记忆。那汉字的情况下是否会有所改善？不过半斤八两，中国历史中的地名和人名，在难度上和片假名相比则有过之而无不及。

而人们往往会忽略另一个导致学习障碍的原因：我们实在是难以在脑海中构建对世界史的想象。说起日本史，便不得不提丰臣秀吉[2]那如猿猴一般的外貌；德川家康[3]的外号"老狐狸"[4]也同样深入人心。对于熟悉的形象符号，我们很容易就能产生相应的印象，但如果这时有人冷不丁地提起尤利乌斯·凯撒[5]的话，这种陌生感马上就把印象全部冲散了。同理，在欧洲人的心中，凯撒却正如秀吉与家康之于日本人，也是一个具有鲜活形象的人物。

---

1. 片假名是日语中表音符号（音节文字）的一种，与平假名、万叶假名等合称作假名。

2. 丰臣秀吉（1537—1598）是日本战国时代末期至安土桃山时代的大名，原为贱民家庭出身，后来因侍奉主君织田信长，富有才干而逐渐发迹。主君织田信长死后，他在内部斗争中胜出，在1582年的山崎之战中击败明智光秀、在1583年的贱岳之战中击败柴田胜家，并篡夺织田家的家业，进而成为织田信长的实际接班人。

3. 德川家康（1543—1616）是日本战国时代的大名以及江户幕府第一代征夷大将军，是日本1598—1616年的实际政治领袖，和与其同时代的织田信长、丰臣秀吉并称"战国三杰"。

4. 原文为"タヌキオヤジ"。

5. 盖乌斯·尤利乌斯·凯撒（Gaius Julius Caesar，前100—前44），或译儒略·凯撒，罗马共和国末期的军事统帅、政治家，是罗马共和国体制转向罗马帝国的关键人物，史称凯撒大帝或罗马共和国的独裁者。

同样的情况在地名上也有所体现。即便面对"奥州""难波"这样的古地名，我们也仍可忆起其所处位置和地点特征等要素。而当范围扩大到全球时……准确地找到某个国家已颇费心力，更不用说单纯地从城市名称去想象那片土地的风土人情了。

　　笔者尚在念大学的时候，对外国的认识也是相当肤浅的，一说起法国就想到法国大革命[1]；俄罗斯就是 1917 年俄国革命[2]；英国就是工业革命[3]，全都是人尽皆知的标志性历史事件而已。像这样横跨在世界面前的距离感，只会让我们离世界史越来越远。

　　上世纪 80 年代前后，日本人看待世界的方式开始产生微妙的变化，与世界之间的距离感也开始缩短。海外旅行说走就走、

---

1. 法国大革命（1789—1799）是法国的一段社会激进与政治动荡的时期，对法国历史以及全欧洲都产生了广泛深刻的影响。法国政治体制在大革命期间发生了众多转变：统治法国多个世纪的绝对君主制与封建制度在三年内土崩瓦解，过去的封建、贵族和宗教特权不断受到左翼政治团体、平民和乡村农民的冲击，传统君主制的阶层观念、贵族以及天主教会统治制度被自由、平等、博爱等新原则推翻。
2. 1917 年俄国革命（1917—1918）是指 1917 年在俄罗斯发生的一系列革命运动。
3. 工业革命（Industrial Revolution），又称产业革命，约于 18 世纪 60 年代兴起，持续到 19 世纪 30—40 年代，后来又发生了第二次工业革命（1870）和 20 世纪的数字化革命。在这段时间里，人类的生产与制造方式逐渐转为机械化，出现了以机器取代人力、兽力，以大规模的工厂生产取代手工生产的革命，引发了现代的科技革命。由于机器的发明及运用成为这个时代的标志，因此历史学家称这个时代为机器时代（The Age of Machines）。

出外留学的人数逐年增长，能够如此方便而快捷地出入国家，这在当年是不可想象的。

"即使有志于外国史的研究、即便这辈子在外国留学过一两年，之后也还是只能一直待在国内做学问。"曾抱有这种想法的笔者，从 80 年代开始也能够做到每年出一次国了。但就算是在这种随心所欲即可出国的背景下——例如，笔者虽说是到访过法国巴黎，而到当地之后，却没有了要与法国大革命产生任何联想的意愿。诚然，当笔者瞻仰巴士底狱[1]时，多少感受到了历史的厚重感，然而热衷于赛马的本能驱使笔者转头就朝隆尚赛马场[2]的方向赶去，至于法国历史什么的也都忘得一干二净了。

另外，作为研究罗马史的学者，许多人都觉得，笔者待在意大利时一般都在专注地思考罗马的事情吧？而实情是，笔者确实会一边畅想罗马盛景一边逡巡在各名胜古迹之间，但也仅限于最初的一两次。只要多去几趟，新鲜劲儿一过，满脑子剩

---

1. 巴士底狱（Bastille）是一座曾经位于法国巴黎市中心的坚固监狱，高 30 米，围墙很厚，共有 8 个塔楼，上面放有大炮，监狱内设一军火库。"巴士底"在法语中即"监狱、堡垒"之意，原名圣安托万监狱（Bastille Saint-Antoine），现址为巴士底广场。
2. 隆尚赛马场（Longchamp Racecourse）位于法国巴黎市郊的布洛涅森林，是一处占地 57 公顷的赛马运动场地。它建立在塞纳河岸边，主要用于举行平地赛马比赛，以纵横交错的赛道和给赛马提供严峻挑战的小山丘而出名。

下的不过都是些"这家饭馆的菜味道不错""那家旅馆住着很舒服"之类的日常琐事。由此可见，身在外国尚且如此，不在外国的就更不必说了。幸好，现在的人对于外国人名和地名的抵触感日渐消退，相较以前也更容易建立起印象的联想。当今世界是如此触手可及，不正是我们学习历史的好时候吗！况且对于日本人而言，有一个极好的消息：从学习历史的能力上看，日本人似乎极具优势。提出这一观点的，是著有《献给年轻读者的世界简史》（上下卷，中公文库）的犹太人厄恩斯特·冈布里奇[1]。作为非专业历史学家和专业美术史家的他，给日本人留下了极高的评价。他认为，幕府至明治维新时期的日本人的历史学习能力之强大，在世界上是无可匹敌的，这也是运用所学知识并取得了成功的典型案例。

"日本民族是一个聪明的民族。当年的欧洲忙不迭地将日本所需之物尽数贩卖沽清、倾囊相授；为了战争、也为了和平，短短几十年间日本人就将欧洲的所有技术都掌握于心。万事俱备的他们再次敲开欧洲人的大门，'现在，你们能做到的，我

1.厄恩斯特·汉斯·约瑟夫·冈布里奇爵士（Sir Ernst Hans Josef Gombrich, 1909 年 3 月 30 日—2001 年 11 月 3 日），英国艺术史学家与艺术理论家。其研究范围十分广泛，涉及艺术史、文化史、造型艺术、音乐、电影、心理学、大众传播学等众多领域。

们也能做到！我们的蒸汽船如今也能开展交易、征战八方了。若日本人还被你们欺侮的话，我们的大炮也会毫不犹豫地瞄准你们和平的城市'！欧洲一片哑然，而这样的情况也一直持续到今日。日本人真的是世界上数一数二的优等生啊。"

（《献给年轻读者的世界简史》，下卷，中公文库）

　　日本人在极短的时间内学习大量的知识并消化完毕、化为己用，且以此对抗列强。在这之后，日本虽曾误入歧途，陷入第二次世界大战的泥潭且失败，但至少我们可以肯定，日本在其发展的兴盛时期拥有着世上绝无仅有的"对外学习能力"。以当时铁炮传入种子岛 [1] 为例，日本人不仅在极短的时间内制造出了完美的复制品，而且在结构上还有所改良，最终也得到了性能更为优越的武器。

　　依笔者拙见，能够如此长久地拥有这种优秀能力的，估计只有罗马人和日本人了。罗马人同样也从伊特鲁里亚 [2] 和古希腊身上学到了大量的技术，而且和日本人相仿，他们在原有基础上"不断改良精简、升级换代"，老练而熟稔。罗马的特色土木式建筑

---

1. 种子岛是位于日本九州南侧的一个岛屿，以铁炮的传入闻名。现在岛上设有种子岛宇宙中心。
2. 伊特鲁里亚（Etruria），也译作伊特鲁利亚、埃特鲁里亚、伊楚利亚，是位于现代意大利中部的古代城邦国家。

最初便源自伊特鲁里亚；建造水道桥[1]和罗马斗兽场[2]时所使用的"拱形砌筑法"亦师出同门。顺带一提，从伊特鲁里亚墓葬中发现的骸骨上甚至残存着牙齿矫正的痕迹，可见当时技术水平之高。就是这样一个当时位于世界之顶峰的国家，在被罗马不断地模仿与学习着。但是罗马又绝不止步于此，而是通过改进和创新获得了更高的技术水平。

"愚者向经验学习，而贤者向历史学习。"

为了不辜负冈布里奇所说的"日本民族是一个聪明的民族"的评价，日本人必须意识到自身灵活的适应能力，并信心满满地开展对世界史的学习。当然了，过度自信也是不可取的——这也是历史的教训。

---

1. 水道桥（aqueduct）又称上水道，是一种人造通道，用以导引水流。有些纯粹用来输送用水，有些则是供船只运行。
2. 罗马斗兽场（Colosseo）又译作古罗马斗兽场、罗马大角斗场、罗马圆形竞技场、科洛西姆或哥罗塞姆。原名弗莱文圆形剧场，是罗马时期最大的圆形角斗场，建于72—82年间，现仅存遗迹，位于今意大利罗马市的中心。

第 1 章

文明为何发源自江流河畔

——从文明的发展到城邦与民主政治的诞生

"文明即城市"与"文化即农业"的紧密结合

在讲述文明诞生的来龙去脉之前，我们不妨先思考一下，究竟何为"文明"？

"文明/civilization"一词的词源"civitas"（亦作"civis"）起初蕴含有"市民"之意，而"civitas"在字面直译中，却表达为"理应"（civis），稍显抽象晦涩。但在拉丁语中，它的译文则简单明了，是为"公民权"。换言之，"civitas"用以形容那些享受着公民应有权利的群众集合体。

随着时间迁移，该词又逐渐拥有了"市民团体"的含义，最后定型于"国家"这一概念上。正因如此，任何文明的定义都必须以拥有"国家"，或者聚集有"公民群众"的城市作为基本前提，反之则无从谈起。

时常与"文明"混淆不清的，还有"文化"一词。

"文化/culture"源自拉丁语中的"colere"，意为"耕种"。由此不难看出，各地的自然风土对于文化的产生和发展而言，影响可谓浓墨重彩。相比起地域因素浓厚的"文化"，"文明"则能跳脱出地方格局的框架限制，拥有传播至更为广阔的人群中的可能性。

简而言之，因为"文化"深受当地自然风土的影响，所以在这一方土地上奏效的概念，挪到别处可能就会水土不服；但"文明"却能超越这种"区域性"，在某种意义上甚至可以和"普遍性"画上等号。

文明与城市之间的关系，较之土地确实更为紧密。城市是人口密集的地段，而这种环境下自然催生了对便利性的需求。文明自身的便利性，使得它即便身处其他城市，依然能够通行无阻。

上文中提到，"文化"一词的词源意为"耕种"。事实上，文化是与农业（agriculture）相辅相生的。

植物学家中尾佐助（1916—1993）在其《栽培植物与农耕的起源》一书中，以农耕与畜牧的起源发展为参照，将世界划分为四大农耕文化圈。

①根菜农耕文化

指能够种植香蕉、甘蔗、木薯、芋头等作物的地区。以湿润地带为主的东南亚及大洋洲地区都属于这一分类。

②热带草原农耕文化

指能够种植豇豆、稗子、葫芦、芝麻等作物的地区，具体包括非洲及印度地区。出人意料的是，种植水稻的中国及日本地区的农耕文化，是以种植同属禾本科的稗子为特征的热带草原农耕文化，经由印度地区传播并转化而来的。

③地中海农耕文化

指能够种植大麦、小麦、豌豆、芜菁等作物的地区。虽然名为"地中海"，但其起源实属旧称"东方"（orient）的西亚地区。其中，孕育了四大文明之一的美索不达米亚文明的"肥沃的新月地带"，更被视作农业的发祥地。

④新大陆农耕文化

即由哥伦布大航海活动所发现的"新大陆"——南北美洲大陆地区的农耕文化。这一地区盛产马铃薯、玉米、西红柿、辣椒等作物。日本人对这些作物都颇为熟稔，但它们确实原产自新大陆地区，并且，以发现新大陆这一契机得以传播到欧洲，转而推广到全世界。

新大陆的发现为世界带来巨变，原产自新大陆的作物传播到欧洲后也带动了当地人口的爆发式增长。马铃薯、玉米显然功不可没——在此之前，被普遍种植的大麦及小麦在产量上始终无法满足需求，而马铃薯的到来补足了这一短板，并大幅提升了欧洲地区人口繁衍的能力。

如上述分类，农耕因自然条件限制而各自独立、千变万化，终归于"文化"一词；当然，即便是"文化"，也不乏一些如传播到欧洲的马铃薯那样，落地在不同地区并生根发芽的个中翘楚。但是在此过程中，为了能让其扎根成长或是增产增收，必然要在品种改良以及升级农耕技术上花些心思。能够在何种程度上将源自不同"文化"的个体转化为具备普遍性的事物，或缓或急地推动了"文明/civilization"的诞生。

只有日本人使用的"四大文明"概念

说起文明的起源，大多数人第一时间想到的应该是"四大文明"吧。打开历史书，翻阅那些围绕着文明的诞生展开论述的篇章时，"四大文明"的字眼也时常映入眼帘。先前 NHK 的某部纪录片也曾以文明起源为主题进行拍摄，其系列标题皆为赫然的"四大文明"（该纪录片曾在 2000 年播出）。

"四大文明"是距今约 5000—2000 年前诞生于各大河流域的四个文明的总称。由西至东分别是：繁荣于非洲大陆尼罗河流域的"古埃及文明"、位于西亚底格里斯河－幼发拉底河流域的"美索不达米亚文明"[1]、滥觞于印度河流域的"印度河流域文明"[2]以及发祥于东亚黄河流域的"黄河文明"[3]。以往的历史教科书中但凡言及文明诞生，几乎都会提到以上内容。但是最近"四

---

1. 美索不达米亚是古希腊对两河流域的称谓，在古希腊文中，meso 意为中间，potamia 意为河流，整体即意为"（两条）河流中间的地方"。这两条河指的是幼发拉底河和底格里斯河，在两河之间的美索不达米亚平原上产生和发展的古文明被称为两河文明或美索不达米亚文明，大体位于现今的伊拉克，其存在时间为前 4000 年—前 2 世纪。
2. 古印度文明时期，也称哈拉帕文明（Harappa）时期，因起源于印度河和萨拉斯瓦蒂河流域，也叫印萨两河文明。其存在时间为前 2300—前 1300 年。
3. 黄河文明，起源于黄河流域。最初指分布于西至河湟、东至大海、北至燕山－大漠、南至秦岭－江淮分水岭的文明，后来扩散至中国全境乃至东亚，并影响世界。黄河文明是世界著名的古文明之一，是中国文明的源泉。

大文明"这一说法已不太被人提及，因为与四大文明同时期甚至更早的年代中，其实也曾存在过其他的文明，而这一认知也逐渐地被广泛接受。

而且，真正在使用"四大文明"这一词语的，实际上只有日本人。[1]日本迈入近代化后，逐渐建立起了世界史这门学科。究其源头，是在构建理论框架时以"世界文明发展初期有四个规模较大的文明"为由，使用"四大文明"一词进行总称概括之故。所以"四大文明"这种说法，不过是在日本这边风景独好罢了。

如上述这般，由日本人自行创造的"世界史词汇"实在不胜枚举。在讲述罗马史时常常提到的"五贤帝"又是一例。"五贤帝"是对罗马处于所谓"罗马治世"[2]繁荣时期曾在位执政的五位皇帝的总称，分别是涅尔瓦（96—98 年在位）、图拉真（98—117 年在位）、哈德良（117—138 年在位）、安东尼努斯·庇乌斯（138—161 年在位）以及马可·奥勒留（161—180 年在位）。当然，这种称谓在当地也是不为人所知的。

无论是"四大文明"抑或是"五贤帝"，都是日本人处于对世界史不甚了解的阶段时所创造出的一种分类方式。我们若

---

1. 此处存疑。另有一说，是源自中国清末民初政治家梁启超作于 1900 年的《二十世纪太平洋歌》一诗中所提出的"四大文明古国"概念，然则此说并无确凿证据，且是否受早期日本的影响而出此言，已不可考。
2. 罗马治世（Pax Romana），又称罗马和平，是指罗马帝国存在的 500 多年间，前 200 年比较兴盛的时期，亦即盛世。

想要掌握环球标准下的应有素养，学习世界史时不仅要以日本式的说法作为理解手段，充分地了解各种历史专业词汇的英语说法，也是大有必要的。

文明诞生的必备条件是什么

文明是凭借什么而被称为文明的呢？换个说法，就是何为文明的定义？围绕这个问题的意见繁多，众说纷纭，而其中被多次提及的则是"文字的发明与使用"。"四大文明"无一不拥有着自己的文字：美索不达米亚文明的楔形文字[1]、古埃及文明的圣书体[2]、印度河流域文明的印度河文字[3]，以及诞生自黄河文明的现今汉字的原型甲骨文[4]。可能是因为在大陆传来汉字之前不曾有过任何文字，或者是以对上古历史时期进行划分时使用了陶器命名为鉴，日本人大多认为文明源于对陶器的使用。若文明与陶器之间的联系真的如此紧密，我们也就大可以说，哪里出土了世界上历史最久远的陶器，哪里就是世界上

---

1. 楔形文字是源于底格里斯河和幼发拉底河流域的古老文字，约前3200年左右由苏美尔人发明，是世界上最早的文字之一。

2. 圣书文（或称圣书字，圣书体，神碑体），古代埃及的正式书写体系。

3. 印度河文字是在古代印度河流域文明成熟哈拉帕（Mature Harappan）时期使用的古字符，约为前26—前20世纪。

4. 甲骨文，又称契文、甲骨卜辞、或龟甲兽骨文，主要指中国商朝晚期王室用于占卜记事而在龟甲或兽骨上镂刻的文字，是中国及东亚已知最早的成体系的古代文字。

最早的文明起源地。而日本，应该就是其中之一了。

"出土自青森县大平山元遗迹的绳文陶器是目前为止世界上最古老的陶器之一。通过放射性碳定年法[1]检测，可得知时间约为 1.6 万年前。许多研究者通过这些证据推断，最晚在 1.5 万年前，日本列岛上就已经存在使用陶器的活动痕迹了。而其他地区所出土的历史最为久远的陶器——南亚、西亚、非洲的大约是 9000 年前，欧洲则是 8500 年前。相比起这些'四大文明'的故地，日本可谓是处在另一个古老的层次当中。"

（宫代荣一：《日本陶器是世界上最古老的吗？》，

《朝日新闻》数字版，2009 年 10 月 3 日）

诚然，日本确实在比"四大文明"更早的阶段时就已经在使用陶器了，但却没有相应地诞生出能与"四大文明"的高度相匹敌的文明。为何日本没有发展出高度的文明呢？那是因为日本缺少了文明发展必不可少的一个条件，即"干燥化"。

四大文明与其他文明诞生时，世界都正处于大规模的干燥进程中。这是相当重要的一环，但却少有人注意，所以在面对

---

1. 放射性碳定年法（radiocarbon dating）又称碳测年（carbon dating）、碳 –14 定年法（carbon-14 dating），是利用自然存在的碳 –14 同位素的放射性定年法，用以确定原先存活的动物和植物的年龄的方法。

"为何世界各地文明的诞生大多位于前5000—前2000年之间"的问题时，自然也就无法自洽了。以成年人为读者对象的《值得反复阅读的山川世界史》（《世界历史》编辑委员会，山川出版社）一书中，对上述现象的起因几乎毫无提及。

"各文明的中心

"约前3000—前2700年前后，农耕文化诞生于两河流域的诸多城邦国家中；约前3000年，统一国家也在尼罗河流域横空出世。亚洲文明传遍西东，促成了西方爱琴文明[1]的出现；东方的印度城邦国家也于前2300年伴随着青铜器呱呱坠地。

"另，在前5千纪（前5000—前4001）时，中国大陆北部黄河流域的一方黄土上也孕育出了以磨制石斧[2]与彩陶[3]为特色的农耕文化。"

虽然笔者至今未能明白为何书中没有更详尽的解释，但"文明的出现受干燥化的深刻影响"这一观点，如今已成为相关研

---

1. 爱琴文明是希腊及爱琴地区古代文明的总称，曾被称为"迈锡尼文明"。
2. 磨制石器在考古学中指表面部分或全部经过人工研磨加工而成的石器，是古代人类在石器时代使用的一种工具。它与陶器、农业、畜牧业并列为新石器时代的主要标志。
3. 彩陶是陶器的一种，一般指古代带有彩绘花纹的陶器。在中国新石器时代的仰韶文化、马家窑文化、屈家岭文化、大汶口文化等文化和青铜时代的辛店文化等文化中都有发现。

究人员之间心照不宣的共识。

事实上，自前5000年起，由非洲北部至中东、跨越漫长的戈壁沙漠乃至到达中国一带，都开启了干燥化的进程。覆盖在非洲北部的撒哈拉沙漠随着地球环境的变化，时而湿润、时而干燥，不断反复。前5000年左右开始的干燥化造就了今日一望无际的撒哈拉；而在此之前，撒哈拉沙漠上满目的绿色曾为其赢得"绿色撒哈拉"的美称。至今仍残存在撒哈拉的阿杰尔高原[1]遗址的洞窟壁画，将湿润气候风土下的人类生活状态娓娓道来——如今的我们确实很难想象在那样荒凉的沙漠中究竟该如何生存；但在"绿色撒哈拉"的时代里，此处却是牛羊成群、水草丰美，俨然另一番模样。

非洲与中东地区的干燥化持续推进，将人类从故地驱逐了出去，渴求水源的人类随即自发地聚集在大江大河边上。其中，人类的聚集地也并非随机选择，而是趋向于聚集在环境条件最为优越的地方：非洲的尼罗河畔、中东的两河流域、印度的印度河流域以及中国的黄河与长江流域，皆是如此。在干燥环境下如何才能充分地利用有限的水资源，成了不得不面对的课题。由此所催生的生活智慧，也促进了文明的产生与发展。可以认

1.阿杰尔高原是撒哈拉沙漠边缘的一处高原，位于阿尔及利亚与利比亚和尼日尔的交界处，是联合国教科文组织评定的世界遗产，以其地质构成形态与史前岩洞艺术群闻名。

为，文明是在环境的限制与逼迫之下诞生的，也毫不为过。

以对人类生存而言必不可少的水源为主导，人类逐渐聚集到一处，那些以往只有村庄大小的部落也慢慢地增长到了城市的规模。为了避免产生用水冲突，一套有效的用水体系应运而生，而对事务记录的需要，也让文字登上了历史舞台。

古代的文字记录多见于贸易等实际业务活动中。笔者认为，文字的诞生是响应实用主义需求的，若想知道其诞生的必要性源自何处，那就看看古代文字具体描述了什么即可。

文明为何诞生？

文明为何与城市紧密结合？

城市为何诞生？

人类为何都聚集在一处？

当我们像这样一条一条地去寻根问底时，便不难发现：文明的诞生以及随之而来的一系列现象，其根基不过都是"干燥化"而已。

优越的环境无法诞生文明

当文明的诞生与干燥化息息相关这一事实逐渐明朗，最早开始使用陶器的日本为何始终没有到达"文明"这一阶段的原因也就不言自明了，那就是日本根本没经历过干燥化时代。

大型文明诞生地的最佳状态，不仅包括了大江大河，还要求江河以外的地区处于干燥之中。身为岛国且水资源丰沛的日本显然无法达到标准——环境条件优越则无从催生干燥化，人口亦没有了聚集的必要，社会便长久地处于分散状态，处处都是人数极少而又稳定的聚落。以绳纹时代[1]为例，其时间跨度虽有约一万年，但却未曾有过高度文明的痕迹。

另外，水资源的过度充沛，也让建立用水体系的需求变得不那么迫切，同样也导致人群难以聚集。哪怕是稻作文化传到了日本后，灌溉的问题也没怎么让日本人费过心：密布如织的河网近在眼前，只需稍加引流，用水问题就解决了。这个状态也一直延续到了今天；但另一方面，最令日本人困扰的反而是水资源太过丰富的问题。足量的水分导致湿度过高，而湿度一高也使得物体易于腐烂，诱发大量细菌的繁殖，这样问题就更麻烦了。

为了应对潮湿条件下的农作物仓储问题，能防止水汽侵入的阁楼式仓库便成为首选。当然，需要抵御潮湿影响的可不止作物一种。奈良时代的正仓院[2]以其称作"校仓造"的建筑制

---

1. 绳纹时代指日本旧石器时代末期至新石器时代，这一时期以绳纹陶器的逐步使用为主要特征。关于绳纹时代的开始时间，学术界有不同的观点，有1.6万年前、1.3万年前、1万年前、5000年前等多种说法。前3世纪前后，日本大部分地区进入了弥生时代。
2. 正仓院位于日本奈良县奈良市东大寺内，建于8世纪中期的奈良时代，是用来保管寺院和政府财产的仓库。虽然全部为木质结构，但由于其独特的"校仓造"建筑形制，得以完好地保存了1000多年。现在由内阁府官内厅管理。

式而著称，其用途就是为了保护财物免受环境的影响。总结起来，日本之所以没有产生高度的文明，反而都是水源太丰富所导致的。

那新大陆（美洲大陆）又是怎样的一番景象呢？历史之悠久虽不比"四大文明"，但远在日本之前（前1千纪[1]），美洲大陆上也诞生出了以南美洲为中心的"中部美洲文明"[2]。关于美洲大陆没能够发展出高度文明的原因，笔者已在序章中做了解答，那就是受到了"马的灭绝"的影响。因为不存在马匹，所以美洲大陆上的物资运输、人员运送以及情报传达等活动都极难开展，速度不得不一再放缓。这些必要的交流倘若减少，文化或风土人情的自我封闭程度必然加剧。文化是在各种各样的交流与交易活动中，将原有环境中的限制性因素一点点地排除掉后，才能得到升华并成为具备普遍性的文明。从这个意义上讲，马匹的缺失会导致文化本身的局限性进一步升级。

笔者曾在过往的著述《马之世界史》的开头部分中提到："要是没有马的存在，21世纪应该还处于古代时期。"

---

1. 前1000—前1年。
2. 中部美洲是一个历史上的地区和文化区，覆盖区域自中部墨西哥延伸经过伯利兹、危地马拉、萨尔瓦多、洪都拉斯、尼加拉瓜，一直到哥斯达黎加北部。中部美洲文明指的是西班牙殖民前（又称前哥伦布时期）的这段文明。

"要是没有马的存在，21世纪应该还处于古代时期吧。人们意识中流动的时间悠长而无争；远方的知识也如同在云里雾里，无法看清。面对事务不曾速战速决；推进事务的人员也往往怠惰不堪。甚至，连面对彼方所发生的一切时，也不能够设身处地地去感受。古代的世界里，迟缓和漠然就是如此理所当然的事情；而在这些称为古代的日子里，这种状态一直都持续着。"

（《马之世界史》，中公文库）

没有了马，世界将会怎么样？恐怕会变得相当不同吧。速度的观念自然大相径庭，而"马力"这一概念亦不复存在。因此我们可以说，要是没有马的存在，公元后的这2000多年也只不过是古代的延续罢了。像笔者先前所提到的，日本的绳纹时代横跨自前1.3万年—前4世纪，前后足足持续了一万多年呢。

值得质疑和警醒的是，我们脑海中所存在的"文明"概念，是否被限定在欧洲式的价值观里面了？欧洲人闯入美洲大陆的那个年代，从未有过基于欧洲式价值观而建立起来的文明。个人认为，当时美洲大陆的文明程度，还比不上古王国时期（约前2500）的古埃及文明——那时的古埃及已经能建造宏伟的金字塔了。用美索不达米亚文明做比喻的话，美洲大陆文明更接近前者在前3000—前2800年时的状态。

但这说到底是以文明高度为题展开的讨论，欧洲式价值观自有其一套规律。不得不承认，它为欧洲带去了相当安定且长久的生活。而转换思考角度，将其视为"不断发展中"的事物可能更为恰当。现在有越来越多的人产生了这样的疑问：文明发展到如今的高度，究竟是好是坏？文明不断发展前进这件事本身，能否断言就是好的？

笔者觉得咱们还是抛开文明的种种是非，别用外在价值观去鲁莽地判断社会的优劣为好。毕竟，这些社会稳定的生活和文化背后，必然有着某些过人之处。

罗马人与日本人的稀有能力是什么

文明的诞生与城市互为不可分割的整体。如果没有一定数量人群的聚集，文明是断不可能发展起来的。这里有个问题：文明诞生所需的最低人口规模究竟是多少？如果是尚处在二三十人规模的"聚落"阶段，想要产生文明基本是天方夜谭。文明的发展伴随着社会分工的兴起，而分工化又有对大量人口的强烈需求。人口增长不仅使社会分工进一步细化，也会让从业者逐渐产生对自身职业合理性的追求。当针对某个方面的能力不断精进深化后，便利度上升，效率亦有所提高。

社会这时就得面对下一个问题了，那就是阶级差异。人类在群体中会自然而然地产生向上攀登的欲望，为了目标而不断努力。人与人之间逐渐开始产生差距，这种差距到最后就演变成了难以逾越的阶级差异。在一些小部落社会中，即便出现了一些差距，但这也远不能称之为阶级差异，倒不如说在这种环境里反而会出现扼杀想要争权夺势的个体的倾向。

人数比较多的情况下就不太一样。能将数量巨大的人口聚集起来并团结一致，必须要求由掌握特殊能力的人来担当大任、引领大局。换言之，差距产生的同时，也是在要求大众选择适合自己的领导人——"阶级"概念随之诞生。所以我们可以说，阶级和文明一样，其实都是城市发展的产物。文明一旦开始发展，就很难停滞在某个阶段止步不前；而这其中只有那些能充分利用现有条件，不断创造出比先前更完美的事物的人，方能笑到最后。

正如笔者在序章所言，能够将灵活性和适应性（sophisticate）共冶一炉的，非罗马人和日本人莫属。当我们谈论罗马时，"为何罗马能成为西方世界一霸"总是逃不开的话题。解答的方式和理由固然多种多样，但罗马人的灵活性必占其一席。

有许多观点认为，日本人缺乏原创性与个性。对于这点笔者不置可否，但将人类发明的已有事物不断优化，并创作出更为优秀的事物的这种能力，确实有其独到的地方。实际上，罗马人在早前也经历过同样的时期：他们的"原创性"也是很低的。罗马人的技术模仿起初源自古希腊与伊特鲁里亚，包括在序章中提到的土木式建筑以及被用于建造罗马斗兽场和罗马水道桥的"拱形砌筑法"在内，其实都是伊特鲁里亚人的"原创"。但罗马人并不满足于直接复制伊特鲁里亚和古希腊已有的东西，他们想要搞点不一样的。

　　罗马人十分擅长于在已有的基础上雕龙画凤、施以创意，使之变成与原作相比更为优美精良的佳作。罗马人的技术究竟发展得有多优秀？只需看看著名的特雷维喷泉[1]便能见分晓。流淌在喷泉中丰盈的水，都由罗马皇帝奥古斯都[2]在位期间落成的维尔戈水道[3]运送而来。意大利的水资源虽大不如日本丰沛，但唯独罗马一处可做到常年自由取水，而这其中，遍布罗马的数条水道桥发挥了巨大的作用——乃至在 2000 年后的今天，依然在源源不断地进行着水源的供给。

---

1. 特雷维喷泉 (Fontana di Trevi) 是一座位于意大利罗马的喷泉，也是罗马最大的巴洛克风格喷泉，高 25.6 米，宽 19.8 米。特雷维喷泉也是罗马市著名的景点，游客通常会在此地许愿。

2. 奥古斯都 (Imperator Caesar Divi filius Augustus，前 63 年 9 月 23 日—前 14 年 8 月 19 日)，原名盖乌斯·屋大维·图里努斯 (Gaius Octavius Thurinus)，是罗马帝国的开国君主。历史学家通常以他的头衔"奥古斯都"（神圣、至尊的意思）来称呼他，这个称号是他在前 27 年获得的，时年 36 岁。前 14 年 8 月，在他去世后，罗马元老院决定将他列入"神"的行列，并将 8 月称为"奥古斯都"月，这也是欧洲语言中 8 月的来源。

3. 维尔戈水道 (Aqua Virgo) 是给古罗马供水的 11 座水道桥之一，在罗马帝国灭亡之后被废弃，但又在之后约 1000 年的文艺复兴时得到重建。维尔戈水道修建于前 19 年，大部分都位于地下。1453 年，当时的教皇尼古劳斯五世修复了水道。2007 年水道曾被损伤，导致罗马的多座喷泉在数日内无法喷水。

灵活性的核心在于"诚实"

灵活性对于"不欺骗、不隐瞒"有着极高的追求，换句话说，就是正直与诚实必须贯彻始终。这一点在史书典籍中往往因不太起眼而常被人忽略，实际上却是十分重要的。"创造"本质上是一个千锤百炼的过程，但绝不能单纯地以"图方便"或者"引人注目"为指导思想，它的核心在于"不欺骗、不隐瞒"。要是做不到这一点，则必然湮没在大浪淘沙的历史长河中。

如今电机制造商虚报财务事件[1]、汽车燃效排放数据虚构事件等等在日本一再发生，相关的道歉见面会开了一场又一场。这种局面的形成，显然和日本忘记了"不欺骗、不隐瞒"的初心、转而不顾一切地追求利益不无关系。早年的日本以其诚实的民风文化为傲，现在落得这般田地，实在令人唏嘘。日本人曾在"诚实"的道路上走了多久？从下面的故事中，我们或能得知一二。

这个故事的主角，是明治时代到访日本的意大利雕刻家温琴佐·拉古萨[2]。因工作原因来到日本的他，有一天在鱼店里

---

1. 此处主要指日本东芝公司发生的财务造假舞弊案，该案可以追溯到2008年，跨度长达七年，其虚报"注水"金额高达1562亿日元。
2. 温琴佐·拉古萨（Vincenzo Ragusa，1841年7月8日—1927年3月13日）是意大利雕刻家，出生于意大利西西里岛巴勒莫的郊外。自幼对绘画兴趣浓厚，于1865年正式开启雕刻生涯。1872年，在于米兰召开的"意大利全国美术展"上以石膏作品《装饰暖炉》一举夺魁，并于1876年受日本明治政府邀请在工部美术学校担任雕刻指导。经其指导的得意门生众多。

发现了看起来十分美味的鱼，于是便想让店主卖给他。但是鱼店老板听到后断然拒绝："这鱼可不能卖你。"拉古萨想了想说，你要钱的话我有的是，我出一两，这样你能卖给我了吧？老板依旧不为所动。要知道，一两在当时可是很大的一笔钱。拉古萨对鱼店老板的态度十分愤慨，拂袖而去。后来才得知原因的他感动万分：原来他当时准备买的鱼是河豚。众所周知，河豚是毒性极大的动物。正因为不能将有毒的鱼贩卖给那些不懂得正确处理食材的人，所以鱼店老板才坚决拒绝了拉古萨的请求。

在那之后，拉古萨还经历了令他更为感动的事情。有一天他不小心丢失了钱包，原本已不抱任何找回的希望，但钱包在辗转后居然物归原主了。丢失的钱包还能找得回来，这在意大利是不能想象的。顺带一提，对日本人的正直与诚实深有感触的他，最终选择了与一名日本女性结婚。

日本人的品质由此可见一斑。

这里就要提一下笔者最喜欢的赛马了。其实在赛马的世界里，道理也是一样的。

日本的纯种赛马之所以能在世界级比赛里大放异彩，一匹来自美国的名叫"周日宁静"（Sunday Silence）的纯种竞赛马匹功不可没。而名马之所以辈出，不仅与血统的组合优势密切相关，也少不了养马人日复一日的努力。

日本人脑海中可能没有特别具体的印象，实际上，罗马人也是相当诚实而正直的。

我们不妨来做一个历史的假设：假如一个诡计多端、善用巧计的人与凯撒有一战，结果将会怎样？笔者认为最先败下阵来的应是凯撒，因为罗马人特别注重正面展开攻势，反而会轻视"巧战"。当然，罗马人也尝试过各种具有欺骗性的作战技巧，但数量极其有限。罗马人认为使用正攻法取得的胜利就是具有意义和价值的。多少有些牵强附会的是，日本人也有类似的美学观念：只有懦弱者才会以谋略作战，堂堂正正地一决高下方属武士的名誉之所在。由此看来，支撑着他们的灵活性和适应性的说到底还是正直与诚实。无论如何，漫长的历史都向我们证明了：唯能者胜。我们应重新向历史学习，不断努力去重新找寻回属于日本人的诚实品质。

城邦是如何诞生的

文明诞生自城市，而城市不断成长为一个"国家"，是为城邦。与大多数人想象的古希腊城邦不太一样，世界上最早的城邦实际上成立于美索不达米亚地区。其中，具备了初级城邦形态的国家文明是苏美尔文明[1]，时间约为前4千纪；随后，在同一区域里陆陆续续地诞生出了苏美尔以外的国家，如阿卡德

---

1. 苏美尔文明为目前发现于美索不达米亚文明中最早的文明体系，同时也是全世界最早产生的文明之一，主要位于美索不达米亚的南部。"放射性碳十四断代法"测试表明，苏美尔文明的开端可以追溯至前4500年。

帝国[1]和巴比伦尼亚王国[2]等，这些国家的内部核心皆产生了许多城邦。在文明诞生的最初 1000 年里，各地逐渐发展到了城市甚至城邦的规模。因此，古希腊文明虽常常被人视作城邦的代名词，但实际上却并非城邦文明的起源地。

古希腊之所以被视作城邦的代名词，与"城邦即 Polis"[3]的观念不无关系。诚然"Polis"一词本身就象征着城邦，但更重要的是：虽然同为城邦，古希腊的"Polis"与美索不达米亚的城邦相比，其成立的过程以及方式都与后者截然不同。

首先，美索不达米亚文明的城市是通过自然演变得来的——也就是先前所提到的那样，干燥化使得人们聚集在水源河畔，对灌溉的需求也需要强有力的领导者出现并进行管理。管理者们顺势成了王，群体开始分化出不同的阶级。以王为中心，城市也随之诞生。美索不达米亚文明就是通过这样的方式形成了城邦的。

---

1. 阿卡德帝国（前 2334—前 2192）是人类历史上第一个帝国，统治区域位于美索不达米亚（今伊拉克）。
2. 巴比伦尼亚是美索不达米亚中南部（现今伊拉克）的一个古代文化地区，其首都为巴比伦。
3. 城邦（古希腊语：πολις，英语：Polis），希腊文的字面意思是城市。它也代表了公民以及公民组成的群体，是古希腊一种政治共同体，以城市为单位形成自治国家。古希腊的众多城邦中，雅典和斯巴达分别代表着两种不同形式的城邦。

但相对应的，古希腊在前 2 千纪时（即特洛伊战争[1]时期）存在的并不是如迈锡尼[2]文明一般的城市，而大多是实打实的"王国"。这些王国并非希腊人到达该地后建立的，其王宫由一群十分强壮的人修建后，与周边的多个村庄聚落组合在一起，构成了独特的王国形态。

在一种名为"线形文字 B"[3]的古希腊语里，"国王"念作"Vacana"，而周边村落的领导者集体统称为"Kuashreo"。也就是说，古希腊在一开始就出现了王国，在王宫里运筹帷幄的是顶层的"Vacana"，周边的村落里也拥有相对应的管理者"Kuashreo"。当时"Vacana"的宫殿究竟是什么模样？至今仍保留在克里特岛[4]上的克诺索斯[5]遗迹便可让人回想起昔日光彩。

---

1. 特洛伊战争是古希腊迈锡尼文明时代末期，亚该亚人与小亚细亚西海岸的特洛伊城邦之间的一场战争。关于特洛伊战争的故事，主要见于荷马史诗《伊利亚特》。在现代科学出现以前，包括希罗多德和修昔底德在内的历史学家们一般都不否认这场战争的真实性，虽然对它发生年代的讨论，自古以来便没有统一的定说。

2. 迈锡尼是位于希腊伯罗奔尼撒半岛东北阿尔戈斯平原上的一座爱琴文明的城市遗址，位于科林斯和阿尔戈斯之间。它是荷马史诗传说中亚该亚人的都城，由珀耳修斯建立，在特洛伊战争时期由阿伽门农统治。

3. 线形文字 B 是希腊迈锡尼文明时期的一种音节文字，出现于青铜时代晚期，早于希腊字母（约前 15 世纪）数个世纪，随着迈锡尼文明的衰落而消逝。

4. 克里特岛就是《圣经》中所记载的革哩底，位于地中海北部，是希腊的第一大岛，总面积 8300 平方千米。

5. 克诺索斯是克里特岛上的一座弥诺斯文明遗迹，被认为是传说中弥诺斯王的王宫。它位于克里特岛的北面、海岸线的中点，是弥诺斯时代最为宏伟壮观的遗址，可能是整个弥诺斯文明的政治和文化中心。

克诺索斯宫拥有 1000 多个房间，面积宽敞、形制复杂，以至于自古流传有"一旦在宫殿里迷失，就无法再从中逃脱"的弥诺陶洛斯[1]宫殿传说。气势恢宏的王宫周围零星地散布着多个不同的村庄，它们与王宫本体一起构成了古希腊最初的形态。

那么在这样的状态下，到底是什么推动了从王国到"Polis"（城邦）的转变？其契机源于公元前 12 世纪时在东地中海一带作业的渔民势力的扩张行为。在他们的行动下，王宫受到了大面积的破坏。

从王宫的角度而言，这样的对手是相当棘手的。如果对方是以陆地作为据点的话，尚且可以骑马追逐对抗。但渔民们的移动工具并非马匹而是船只，想要进行对抗的话难度很大。毫不夸张地讲，在后期阶段，这些曾在东地中海叱咤风云的王国皆被破坏殆尽，几乎全军覆没。迈锡尼王国和特洛伊王国的崩坏也是从这个时期开始的。

在此之后，东地中海世界经历了时间跨度约 300—400 年的史称"黑暗时代"或者"英雄时代"的时期。"英雄时代"一词听起来相当气派，但在这个时代里根本就不存在像国王那样强有力的领导人，整片区域都在进行着小部落和村庄之间的群

---

1. 弥诺陶洛斯，字面意思为"弥诺斯的牛"，希腊神话中一个著名的半人半牛怪物。

雄割据。在这三四百年的暗流涌动中，各个势力逐渐统一和趋同，虽然缓慢而迟钝，但最终还是诞生了在希腊语中称为"Σινοί Κίσμος"（Sinoí Kísmos）的事物。

想必相关的内容在世界史教科书里多少有所提及，所以仅听到这个发音也会有一定的印象：所谓的"Sinoí Kísmos"翻译成日语即"共同居住"。在众多聚落中，立地条件最为优越的地方往往也聚集着大量的人口，最初级的"Polis"（城邦）形态也遂在"Sinoí Kísmos"运动中诞生。这一转变至今仍在语言里留下了痕迹，古典时代的希腊语中"王"即为"Basireos"，就是从上文提到的各个村落的管理者"Kuashreo"一词演变而来的。过去的国王"Vacana"被逐渐淡忘，各个部族的领导者（也可称之名门豪族）开始成为新的掌权者。

正是在这样的背景下，"Polis"（城邦）的"Basireos"并不像以往的国王"Vacana"那样居高临下，而是与民众保持了相当亲近的距离，建立了紧密的联系。所以虽然同样称作城邦，希腊"Polis"（城邦）成立的起源与苏美尔文明或者阿卡德帝国的城邦绝不能一概而论。这样的差异，也反映在下文将要论述的国王与民众之间的关系差别上。

古希腊的民主政治缘起战争

普遍观点认为，希腊的"Polis"（城邦）之所以会诞生世界上最早的民主政治，与领导人和民众之间非常亲近的关系有关。美索不达米亚文明与古埃及文明的国王多持凌驾于民众之上的君临之态，而年代相差不远的古希腊却是一片君民其乐融融的景象。以此为基础，民众的力量也不断增强，最终促成了新型的民主政治城邦。

看到这里，各位读者可能会觉得，那所有的"Polis"（城邦）应该都在实行民主政治制度吧？此言差矣。古希腊世界的民主政治仅仅在以雅典（旧称雅典娜）为中心的地带实行，影响范围确实有限，如果据此就去判断整个古希腊都是"Polis=民主政治"的话未免过于夸大。和别的城邦一样，雅典地区也聚集有大量的民众，但是雅典发展出了独树一帜的"Tyrant"——即一般贵族与平民通过抗争活动，采取非合法的手段夺取权力，并建立拥护独裁政治的所谓"僭主"[1]。因此我们可以得出结论，民主政治虽然起源于古希腊，但从严格的角度来看，它只在雅典的一部分区域通行，并没有扩大到古希腊的整体政治上。再者，即便是以民主政治为主的雅典，其国力之强盛也并不源自民主政治时期，而是在更早前的僭主庇西特拉图（约前600—前527）统治时期。

1.僭主（Tyrant），政治学术语，是君主制的一种变体。希腊时代将不通过世袭、传统或是合法民主选举程序，而是凭借个人的声望与影响力获得权力、统治城邦的统治者称为僭主。很多国家的政权形式，一开始并非为僭主设计，但却很容易转变为僭主，因为没有能力阻止僭主的转变。譬如专政、社团主义、精英政治、神权政治等。

说起僭主，往往伴随着独裁和暴戾的印象；但庇西特拉图是特别有才能的人，他治下的雅典在其努力下变得国富兵强，实力在整个希腊也是首屈一指的。遗憾的是，他的儿子们都是一群扶不起的阿斗，而这样的领导人自然难以赢得民心。到最后，克利斯提尼[1]主导的改革重新整顿了民主政治的形态。这里之所以称之为"民主政治的形态"，是因为民主政治的驱动，完全依靠领导者自身所拥有的一定意识而进行。如果领导者没有充分发挥主观能动性，那么民主政治就会停止运作。

当时的国防体系中，自然没有像如今国家军队一般的存在，都是按照需要，让全副武装的市民来承担国防的任务。虽然叫作武装，但全部费用其实都要靠市民自己去负担，而且这样的情况不只出现在古希腊，在其他城邦（包括古罗马在内）里基本都大同小异。这就揭露了一个事实：能够自掏腰包、自我装备的市民军团，其成员需要拥有一定的经济基础。显而易见的是，城市中必然存在着贫富差距，所以虽同为市民，贫穷的一方却没有参加军队的机会。参军成了身份与地位的象征，甚至可以直接干预国家的整体运营。

---

1. 克利斯提尼是古代雅典政治家，属于被诅咒的阿尔克马埃翁家族。他因为前508年对雅典的政治机构进行改革，将其建立在民主的基石上而为人所知。他的外祖父是西锡安的僭主克利斯提尼，父母分别是墨迦克勒斯和阿佳丽斯特（Agariste）。

彻底改变这一民主政治形态的转折点，来自波希战争[1]末期的萨拉米斯海战[2]（前480）。激烈的战役催生了雅典对于战力的极大需求，全部成年男性都被动员了起来。即便是那些没有财产的底层人民，也可以作为船员参与战斗，雅典不费力地就做到了全民参战。先前，克利斯提尼改革的问题在于：虽然它确定了一套比较完整的民主政治制度，但是推广到国民个体身上时却效果欠佳。毕竟，人民尚处于对国家政治不甚敏感的阶段，也并没有参与到其中的实感，何谈民主政治参与？而经萨拉米斯海战一役后，国民随即认识到："我们已经参加了战争，那么对国家政治开展讨论也不足为奇吧？"唯有这样，意识才会得到进一步的深化。通过克利斯提尼改革确定形式上的民主，再以底层人民参与萨拉米斯海战为契机来提升大众发言的权利，两者相融的组合拳为古希腊迎来了全新的"伯里克利[3]时代"。

　　伯里克利时代是雅典民主政治的全盛期。伯里克利曾留下过这么一段话：

---

1. 波希战争是前499年发生在波斯与古希腊城邦之间的一系列冲突。
2. 萨拉米斯海战是第二次希波战争中，雅典政治家地米斯托克利率领的希腊各城邦组成的联合舰队与波斯帝国阿契美尼德王朝薛西斯一世麾下的波斯海军于前480年进行的一场海战。
3. 伯里克利（约前495—前429）是雅典黄金时期（希波战争至伯罗奔尼撒战争）具有重要影响的领导人。他在希波战争后的废墟中重建雅典，扶植文化艺术，现存的很多古希腊建筑都是在他的时代建立的。

"我们的国体不因袭邻邦的法律，我们与其说是效仿者，不如说是他邦的模范。具体说来，权力不是被少数人，而是被所有人民所掌握——这就是民主。当私人纠纷产生时，所有人在法律面前一律平等。在公共地位方面，都以每个人的所长而不是他所属的党团来获得名誉。如果一个人有德有才，只要他能服务大众，那么因地位卑微而造成的贫困便不会成为他的绊脚石。我们的政治生活是自由的，在个人喜好方面，我们不会因为别人有其所好而起嫉妒之心。尽管无害，我们不会表现出一副令人不快的歧视之貌。同时，我们在个人生活中相处融洽，在公共生活中，我们必须诚惶诚恐地戒除我们的过犯。我们总不忘遵从在职官员及法律，且尤其遵守那些保护弱者的法律及给予反乱者明确羞辱的不成文习俗。"[1]

（《伯罗奔尼撒战争史》，上卷，修昔底德著，久保正彰译，岩波文库）

　　然而就是如此旗帜鲜明的雅典民主政治，最后还是被马其顿[2]王国的亚历山大大帝[3]势力所击溃。所以古希腊的直接民主政治，

---

1. 翻译参考了霍布斯 1628 年译文及本杰明·乔威特 1881 年译文。
2. 马其顿（Macedonia）是位于东南欧巴尔干半岛上的地理和历史地区。长期以来，它的界线发生了很大变化，但现在认为该地区涉及六个巴尔干半岛国家：希腊（北部的马其顿地区）、北马其顿共和国、保加利亚（布拉格耶夫格勒州）、阿尔巴尼亚、塞尔维亚和科索沃。它占地约 6.7 万平方千米，人口约 476 万。
3. 马其顿的亚历山大三世（其名亚历山大大意为"人类的守护者"，前 356 年 7 月 20 日或 21 日—前 323 年 6 月 10 日或 11 日），世称亚历山大大帝，古希腊马其顿王国国王，是古希腊著名王室阿吉德王朝成员。

实际上只延续了不过 100—150 年左右而已。鉴于古希腊历史中雅典的内容向来占据巨大的篇幅，使得我们很容易产生古希腊即雅典，雅典即民主政治的错觉。但从古希腊文明的整体来看，僭主政治才是更为持久的主流形态。

文明与城市共生共长，而城市又进化为城邦国家——这熟悉的流程似乎并不只发生在东方或地中海世界里。在南亚以及东亚地区，我们都能见到大量类似的城邦，这可能是所有文明史发展初期所共有的普遍规律。但为何只有古希腊衍生出了民主政治这种罕见的制度？在思考世界史的时候，解决这个问题是尤为关键的一环。

如上文所提到的，"Basireos"与其说是王，倒不如说是由名门豪族所构成的领导层。他们与平民之间的差距实际上并不算特别大，这也是零散的村落能够有机会聚合起来并发展成为"Polis"（城邦）的原因。在这里，无需攀比家庭地位与资产的高低，人人皆可通过竞争去展现自己的能力与资质，其典型就是在公元前 8 世纪开始的，能充分体现肌肉与耐力比拼的古代奥林匹克运动会。另外，在知识领域里，古希腊人也很早就开始了对世界和宇宙起源的思考与探寻。自然科学的出现，要求他们必须对自己的意见进行有理有据的说明。如这般思维的激烈碰撞，在历史上从未止息。

对肉体以及思维的切磋，让古希腊人的世界里自然而然地有着努力实现更好未来的愿景；也是通过这些理所应当的竞争，让他们产生了一股不愿听之任之、随波逐流的倔劲，民主政治体系也就诞生在这样的背景下：谁都能参与到国家政治当中，而且谁都能建言献策。毫不夸张地讲，古希腊特有的"Polis"（城邦）体系在世界范围内都是一个不可多得的奇迹。

当我们再深入挖掘时就会发现，适当的人口规模也是促成古希腊民主政治发展的原因之一。雅典虽被称作古希腊第一城邦，但其总人口数也不过 30 万，而真正具有话语权的成年男性公民顶多在 4 万人左右。这样一来，民主政治才能恰到好处地发挥其功能。人口若再少一些，便无法进行必要的竞争与切磋；若再多一些，则会变得混乱不堪，宛如人间炼狱。

农耕与自然风土下诞生的文明相互交融，发展并形成了被广泛接受与理解的文明，而这些文明又以城邦的形式在世界上遍地开花。这其中，唯独古希腊人的"Polis"（城邦）伴随着民主政治的诞生，其理念虽屡经波折动荡，但如今依然深深地植根于现代人的政治意识当中。

第 2 章

从罗马出发窥探世界

——罗马缘何而兴，缘何而衰

美国前总统奥巴马与塞普蒂米乌斯·塞维鲁的共通之处

政治思想史学家丸山真男曾说："人类所经历的全部历史，早已在罗马史里上演过了。"罗马浩浩汤汤的历史中，出现过几乎任何文明都会经历的起承转折：兴起、发展、稳定和衰退，宛如人的一生，极富戏剧性。著名作家盐野七生[1]在其长篇著作《罗马人的故事》中提到："罗马史是世界史中的著名品牌。"

但事实上，这并不足以形容罗马史的全部。当我们用不同的主题去审视时，就会发现其变化之多端，尤为有趣。先说说罗马史中的各位皇帝吧，既有像"五贤帝"那样充满威严、形象高大的皇帝，也有被诟病为暴君的尼禄[2]，甚至有像埃拉伽

---

1. 盐野七生（1937—），日本作家，出生在东京府东京市泷野川区（现东京都北区）。毕业于学习院大学文学部哲学科，1963—1968 年游学意大利，归国后在杂志《中央公论》发表了《文艺复兴的女人们》，1970 年移居意大利。作品题材多为以意大利为中心的古代至近代历史。代表作为《罗马人的故事》。
2. 尼禄·克劳狄乌斯·凯撒·奥古斯都·日耳曼尼库斯（Nero Claudius Caesar Augustus Germanicus，37—68），又名尼禄·克劳狄乌斯·凯撒·德鲁苏斯·日耳曼尼库斯（Nero Claudius Caesar Drusus Germanicus），罗马帝国皇帝，54—68年在位。他是罗马帝国朱里亚·克劳狄王朝的最后一任皇帝。尼禄被他的叔公收养并成为他的继承人。54 年，在克劳狄死后，尼禄继承为古罗马帝国的皇帝。

巴路斯[1]那样，大方坦然地放言"我想成为女人"的翘楚——登场的皇帝们个性各异，五花八门。政治制度方面也是各种各样的：罗马最初起源于君主制；而后转为共和政治；再后则是独裁政治，但即便是在独裁政治的范畴内，也有不一样的执行方式。罗马皇帝也因此而呈现出初期顺守共和政治的传统，而后逐渐转变为专制，甚至陷入混乱阶段的特性。

总而言之，罗马史并非单一的命题，无论从何种角度去解读都能得到意蕴丰富的反馈。而其内容之缤纷多彩，确实不愧于"人类所经历的全部历史"的美称。正因如此，通过对罗马史中不同地域在不同时期的历史比较，便能发掘出与众不同的内容。

举个例子。美国历史上第一位非裔总统贝拉克·奥巴马[2]在 2009 年走马上任，距美国初代开国总统乔治·华盛顿就任

---

1. 埃拉伽巴路斯或译埃拉加巴卢斯（Elagabalus，约 203—222），或称赫利奥加巴卢斯（Heliogabalus），本名为瓦瑞乌斯·阿维图斯·巴西安努斯（Varius Avitus Bassianus），罗马帝国塞维鲁王朝皇帝，218—222 年在位。他是罗马帝国建立以来，第一位出身于帝国东方的来自叙利亚的皇帝。
2. 贝拉克·奥巴马（Barack Obama，1961—），全名贝拉克·侯赛因·奥巴马二世（Barack Hussein Obama II）美国政治人物，2009—2017 年任第 44 任美国总统。他是首位拥有非裔血统的美国总统。2005—2008 年代表伊利诺伊州担任美国联邦参议员，1997—2004 年担任伊利诺伊州参议员时居于芝加哥。卸任总统后，定居首都华盛顿特区。

（1789）已有 220 年。美国自建国以来长年由 WASP 群体 [1] 把持国家中枢事务，而第一位打破这个局面的是天主教信徒约翰·F. 肯尼迪（第 35 任美国总统，任期 1961—1963 年）。但即便如此，他本质上还是一个纯种白人。因此，像奥巴马这样出生于夏威夷的非裔美国人能成为总统，绝对是前所未见的。奥巴马当选大总统时得到了许多人赞誉：这该是历史上的一大创举！实际上，同样的事情早就在罗马史中出现过了，那位皇帝名叫塞普蒂米乌斯·塞维鲁。

建立了塞维鲁王朝 [2] 的塞普蒂米乌斯·塞维鲁，出身于阿

---

1. 白人盎格鲁－撒克逊新教徒（White Anglo-Saxon Protestant），略称"WASP"，音译华斯普，或称白人凯尔特与日耳曼新教基督徒（White Celtic and Germanic Protestant），本义是指美国当权的精英群体及其文化、习俗和道德行为标准，现在可以泛指信奉基督新教、精通英文的欧裔美国人。此群体拥有庞大的经济、政治势力，构成美国上流社会和中上阶层的绝大部分。尽管美国社会日益多元化，但他们的文化、道德观和价值取向仍在很大程度上影响着美国的发展。

2. 塞维鲁王朝是罗马帝国的塞维鲁家族掌握的王朝，由原潘诺尼亚总督北非人塞普蒂米乌斯·塞维鲁创建。在卡拉卡拉执政的 212 年，罗马帝国境内所有自由民被授予罗马公民身份。235 年军队爆发叛乱，最后一任皇帝亚历山大·塞维鲁被杀。马克西米努斯·色雷克斯即位，结束了塞维鲁王朝。

非利加行省[1]的一个叫作大莱普提斯[2]的地方，属于闪米特人[3]，而在此之前的罗马皇帝都源自于印欧地区的血统。因此对于罗马贵族而言，这是他们能接触到的首位外族皇帝。更有趣的是，塞普蒂米乌斯·塞维鲁就任皇帝的年份，距初代皇帝奥古斯都就任的前27年，恰好又是220年。换句话说，通过对罗马与美国的比较，不难发现两者都在建国后220年出现了外族领导者。这是一个非常偶然的历史共通点，且不断循环往复。

硬实力的衰退与软实力的兴起

"欧美"一词常被视作对欧洲与美国的总括，实际上这两者之间的关系是很微妙的。美国虽然拥有强大的军事力量与经济基础，但欧洲对这样的美国却备感鄙夷。"美国可能在军事和经济上胜过了我们，但说到底不就是个历史短暂的新兴国家么？论文化的成熟度，还是得看我们欧洲！"

---

1. 阿非利加行省（Africa）是罗马共和国及其继承者罗马帝国在今北非的一个行省，范围约在今日的突尼斯北部及利比亚西部靠地中海沿岸的地区。
2. 大莱普提斯（Leptis Magna）是罗马帝国时期的重要城市，遗址位于今利比亚胡姆斯附近，首都的黎波里以东130千米，莱卜达甘谷与地中海交接处。它被认为是地中海地区最为壮观、保存得最为完好的古罗马城市遗址之一。
3. 闪米特人又称闪族人或闪姆人，是起源于阿拉伯半岛和叙利亚沙漠的游牧民族。他们移居至沙特阿拉伯时，使用阿姆哈拉语。

世界主要语族的系统分类

印欧语族

日耳曼语派：英语 德语 荷兰语 瑞典语 丹麦语

意大利语派：拉丁语 法语 西班牙语 葡萄牙语 意大利语 罗马尼亚语

凯尔特语派：爱尔兰语 苏格兰语（盖尔语 威尔斯语 布列塔尼语）

希腊语派：古希腊语 现代希腊语

斯拉夫语派：俄语 乌克兰语 白俄罗斯语 波兰语 捷克语 斯洛伐克语 塞尔维亚语 克罗地亚语 保加利亚语 马其顿语

波罗的语派：立陶宛语 拉脱维亚语

印度－伊朗语派：梵语 印地语 乌尔都语 阿维斯陀语 粟特语

波斯语

乌拉尔语族

匈牙利语 芬兰语 爱沙尼亚语 摩尔多瓦语

阿尔泰语族

土耳其语 哈萨克语 乌兹别克语 维吾尔语 蒙古语 满语

亚非语族

闪米特语派：阿卡德语 巴比伦语 亚述语 亚拉姆语 腓尼基语 希伯来语 阿拉伯语

埃及语派：古埃及语 科普特语

乍得语派：豪萨语

其他语派：赫梯语 亚美尼亚语 阿尔巴尼亚语 吐火罗语

※ 另，当概括同一系统中的语言集团时也有"－语系"的表达。

　　第一次世界大战时期，时任法国总统乔治·克列孟梭[1]的

---

1. 乔治·邦雅曼·克列孟梭（Georges Benjamin Clemenceau，1841—1929），人称"法兰西之虎"或"胜利之父"。法国政治家，曾两次出任法国总理（当时称作部长会议主席），分别是 1906—1909 和 1917—1920 年。

某次发言，就很好地体现了欧美之间的矛盾与冲突。当时的美国可谓春风得意又目中无人，克列孟梭据此讽刺了一番："美国是历史上唯一从野蛮时代开始，就不曾经历过正常的文明过渡时期，并奇迹般地一下子进入堕落时代的国家。"

法国第18任总统夏尔·戴高乐也发表过类似的观点。在和作家安德烈·马尔罗[1]的对谈中，他谈到美国时说道："能有机会亲眼见证一个文明的结束，自罗马时期以来还从未有过此等妙事。"像这样的"美国衰退论"观点时常在欧洲出现，相当有市场。如果我们只关注美国的硬实力（军事与经济）方面的话，不得不承认，其他国家与美国相比着实稍显力有不逮。但如果我们换个角度，去看看软实力（文化与价值）方面，结果又会变成什么样呢？

美国是幸运的，因为其国之根本是建立在英国的影响之下的。首先，国家的官方语言定为英语；加之，教育体系也直接继承了英国的模式。因此美国虽然只有不足250年的历史积淀，但得益于对英国模式的引用，它依然在英国教育等文化领域的基础之上成长了起来。在这方面受益颇多的美国软实力如今横

1.乔治·安德烈·马尔罗（Georges André Malraux，1901—1976），法国著名作家、公共知识分子。1959—1969年戴高乐任总统时，出任法国第一任文化部长。

扫全球，譬如日本人所熟悉的《芝麻街》[1]、好莱坞电影、音乐等，无一不是美国软实力渗透世界的体现。我们一说起音乐，都会觉得诞生了披头士乐队[2]的英国理应是摇滚起源地，但实际上，在那之前，美国的埃尔维斯·普雷斯利[3]早就已经人气爆棚了。最近有观点认为，披头士乐队在开展活动初期也受到了前者极大的影响与启发。

虽然软实力不似硬实力那样能立竿见影地呈现在表面上，但在不知不觉中却会潜移默化到每个人的心里，甚至能够改变个体的价值观与意识。从这个意义上讲，软实力拥有着强大无比的力量。尽管美国一直被来自欧洲的"衰退论"所质疑，但它也依旧坚定不移地怀抱着软实力，最后也确实维持着比欧洲更为强劲的综合力量。无巧不成书，罗马帝国也曾以其顶尖的硬实力著称，但在久经时代变迁后始现疲软。这种情况下，为了

1.《芝麻街》（*Sesame Street*）是由美国芝麻街工作室制作的一档著名的儿童教育电视节目，自 1969 年在美国公共电视台（**PBS**）首播以来，已经陪伴全球 140 多个国家超过 1 亿儿童成长，荣获 150 多次艾美奖。"芝麻街"也因此被誉为"全世界最长的街道"。

2. 披头士乐队（**The Beatles**）是 1960 年在利物浦组建的一支英国摇滚乐队，在华语地区亦称为"甲壳虫乐队""披头四乐队"等。乐队成员为约翰·列侬、保罗·麦卡特尼、乔治·哈里森和林戈·斯塔尔。他们被广泛承认为史上最伟大、最有影响力的摇滚乐队。

3. 埃尔维斯·阿伦·普雷斯利（Elvis Aaron Presley，1935—1977），美国歌手、音乐家和电影演员，被视为 20 世纪中最重要的文化标志性人物之一，以其昵称"猫王"为人熟知。

维持帝国稳定，尽快补充实力固然是当务之急，但这必定会为国家财政带去万钧重荷。左右为难下，罗马的国家硬实力虽明显地产生了衰退——令人意想不到的是，肉眼不可见的软实力却推动了周边国家"罗马化"的进程。

这个解决问题的关键线索，名叫"拉丁语"。

拉丁语是罗马地区的通用语言，但最初罗马贵族都以操一口流利的希腊语为荣。罗马人打心底里觉得希腊是一个文化发达的国家，这种大环境下的希腊语，自然拥有着如今日英语一般的地位。为了能贯彻这个观念，贵族们也强制性地让自己的孩子从小开始学习希腊语。罗马著名修辞家昆提利安[1]对贵族们说："哪怕是给孩子们找奶妈，也一定要找会讲希腊语的。绝对不要找那些有奇怪方言口音的！必须得是端正、准确的希腊语！"这听起来稍显苛刻，但是我们换个角度想想，现在的人学英语时不也想方设法地去找发音纯正的以英语为母语者作为老师吗？道理是一样的。

就是这般备受罗马人追捧并学习的希腊语，其地位却在无意中被拉丁语所颠覆了。

---

1. 马可·法比尤斯·昆提利安（Marcus Fabius Quintilianus，约 35—100）是罗马帝国西班牙行省的一位雄辩家、修辞家、教育家、拉丁语教师、作家。69—88 年教授修辞学，是罗马首位领受国家薪俸的修辞学教授，并且是著名的法庭辩护人。著有《雄辩家的培训》《长篇雄辩术》《短篇雄辩术》。

古希腊人阿米阿努斯·马尔切利努斯[1]，编纂了一本名为《历史》的史书。这本书详细记载了自涅尔瓦皇帝[2]即位（96）至瓦伦斯皇帝战死（378）期间发生过的历史事件。但马尔切利努斯编纂该书时，使用的并非其母语希腊语，而是拉丁语。由此可见，当时的国际通用语言在事实上已经从希腊语转为拉丁语了。换句话说，4世纪时的罗马帝国在硬实力层面虽明显不如往日，但软实力却相反地得到了进一步强化。当我们将美国硬实力的下降与罗马的案例进行比较时，是否也能够对"大国力量"的概念有全新的理解呢？

罗马为何能成为帝国——希腊和罗马的不同之处

一旦潜心于对罗马史的研究，笔者身边总少不了有人会问："为什么罗马能够成为帝国？"坦诚地讲，这个问题并不好回答，

---

1. 阿米阿努斯·马尔切利努斯（Ammianus Marcellinus，325？—391），或译阿米亚努斯·玛尔凯里努斯，古罗马末期最知名史学家。出身于希腊贵族家庭，从350年起以文学书写及编年方式详细描绘罗马帝国后期历史，直至378年。
2. 马可·寇克乌斯·涅尔瓦（Marcus Cocceius Nerva，30—98，又译内尔瓦、教会文献译为尼法王），古罗马帝国五贤帝时代的第一位君主（96—98年在位），也是最后一位在意大利半岛出生的罗马皇帝。

毕竟罗马拥有着极其漫长的历史，且史学家波利比乌斯[1]在他的那个年代早就被人问过这个问题了：波利比乌斯生活在公元前2世纪，那时的罗马刚将其宿敌汉尼拔斩于马下。古希腊梅格洛玻利斯出身的他，作为战争的人质被带到了罗马。在罗马，他将从第一次布匿战争[2]开始的罗马历史整理为《通史》一书，而这本书也是如今开展罗马史研究时能找到的第一手史料。

波利比乌斯作为土生土长的希腊人，为何会对罗马史产生兴趣？将其历史编纂成书的动机又是什么？那时的他有着这样的疑问："地中海世界里存在着1000个以上的城邦，为何只有罗马能日益强大并最终发展成世界性的帝国？"当然，针对这个问题，波利比乌斯也在书中陈述了自己的观点。

在多个观点中，首要的就是罗马帝国国家政治体系的相对平衡。为了更好地理解这种平衡的优越性，在这里让我们再一次简单地回顾古希腊的历史吧。古希腊首先从君主制开始，而后变为贵族政治；贵族政治在一段混乱期后变为僭主政治，或

---

1. 波利比乌斯（Πολύβιος，前200—前118）生于伯罗奔尼撒的梅格洛玻利斯，希腊化时代的政治家和历史学家，以《通史》一书闻名。原书40卷，只有5卷传世，记叙了地中海周边的历史，尤其注重于描述罗马帝国的崛起。
2. 第一次布匿战争是在古罗马和古迦太基之间的三次布匿战争的第一战，战于前264—前241年之间。两国冲突是因为争夺地中海沿岸地区的霸权，尤其是西西里岛的所有权。战争持续了23年，最终罗马胜利，附加了许多条件才与迦太基签订和约。

者称呼为独裁政治。正如笔者在第 1 章中提到的，独裁政治并非一无是处，像庇西特拉图这样的执政者反而促进了国家发展。但要是无能的人居其位而不为其政，出现问题是必然的。到庇西特拉图儿子的那一代，国家混乱横生，随后国家政治在克利斯提尼改革的发力之下转变为民主政治。

　　民主政治也是需要执政者领导的。十分有政治才能的伯里克利让希腊得以平稳发展；但在其逝世后，伯罗奔尼撒战争[1]将国家拖入了泥潭，民主政治开始逐渐变质为暴民政治[2]。"暴民政治"一词在日本又多译作稍显过激的"众愚政治"，因此笔者认为还是称之"民粹主义"[3]为宜，即领导者无法将民众引领至良性的方向，反而被民众潮流所裹挟，尽顺民意而为的状态。

　　在混乱一时难以平息的情况下，马其顿王国的亚历山大大帝趁机出手，他不仅将零散的城邦逐个收入囊中，甚至将整个

1. 伯罗奔尼撒战争是以雅典为首的提洛同盟与以斯巴达为首的伯罗奔尼撒联盟之间的一场战争。这场战争从前 431 年一直持续到前 404 年，其间双方曾几度停战，最终斯巴达获得胜利。
2. 暴民政治，又称多数人暴政、多数人暴力、群体暴政。它是指议会中绝大多数的席次联合强制通过政策，进而侵损到少数人的权益，故称多数人的暴政。
3. 民粹主义（Populism），又译平民主义、大众主义、人民主义、公民主义，意指平民论者所拥护的政治与经济理念，是社会科学语汇中最没有精确定义的名词之一，也可以被当成是一种政治哲学或是政治语言。学术界有关民粹的讨论甚多，但是把它当成一个独立学术概念来处理的却很少，主要原因是民粹主义呈现的样貌过于丰富、难以捉摸。

希腊都纳入了其版图。因为马其顿王国奉行的依然是君主制（即独裁政治），所以希腊的政治制度从民主制又倏然回到了原点，波利比乌斯也将这种现象的理论统称为"政体循环论"。

与希腊相比，罗马则逃过了一劫，因为后者并未经历过此种循环。罗马在整体上都对独裁表现出厌恶情绪。但是万事皆追求合理性的罗马人也明白这个道理：对权力的一定制约，有助于让事情往更为合理平稳的方向发展。所以，国家政治体系中也存在着象征独裁政治的罗马执政官[1]，而为了不使其成为真正的独裁者，罗马规定执政官必须由两人来担任。另外，负责国政管理的还有承担了贵族政治职能的罗马元老院[2]、发挥民主政治功能的雅典公民大会[3]。换言之，波利比乌斯在考察结果中，对罗马在独裁政治、贵族政治与民主政治之间取得的相对平衡且互不干扰高效运行的表现大为赞赏。

---

1. 执政官（Consul，缩写为 cos.）是罗马共和国通过选举产生的最高的职务，而在罗马帝国是委任的职务。在拉丁语中，consules 的意思是"那些走在一起的人"。
2. 罗马元老院（Senatus）也称作长老院，是一个审议团体、立法机关，在罗马共和国与罗马帝国的政府中扮演着极其重要的角色。
3. 雅典集会或雅典公民大会（Ecclesia），建立于古希腊的黄金时代（前480—前404）。人们经常聚集到雅典城的广场中，对城内的事务进行探讨和投票。人群中没有代表，所以任何人都可以提议议题来投票，每个人都需要进行表决，结果采用多数决。为了使这个组织产生效果并具有公信力，至少需要 6000 人参与，使得整个过程获得其正当性。

当然，这并不是说罗马一直都能够保持平稳无虞，围绕权力的斗争同样此起彼伏。但这些在身为希腊人的波利比乌斯看来，可比希腊所呈现出的混乱要好得多了。所以从整体而言，罗马还是相对安定的，国内少有纷争，自然就利于把全部力量一致对外。希腊因在国内的纷争当中消耗了过多精力，大国之梦自然无望；而国内情势稳定的罗马，便有余力将所有精力专心地投放在外部事务中，踏上成为帝国的道路。

波利比乌斯还指出，罗马之所以能成为大国，还与其宗教观念上所体现的"诚实"有关。《通史》中有一篇描述罗马贵族葬礼情景的文章，波利比乌斯还依此做了一番有趣的考察。

"那些成就了伟业并扬名立万的众尊之像共处一堂，宛如被注入了全新的生命。这番光景怎叫人不心神恍惚！没有什么能够胜过此时此景。"

（《通史》）

亲属们佩戴着与死者样貌一致的面具现身于葬礼会场——这段文字很好地表现了波利比乌斯初见此景时的惊愕之情。为何他会如此惊讶以至于道出"没有什么能够胜过此时此景"呢？因为波利比乌斯认为，希腊人更关切个体而罗马人更看重公共利益。众所周知，照顾自己远比关注身外事简单得多，可罗马人为何能够做到如此注重公共的安泰与否？他竭力想寻求这个谜题的答案。

罗马人之所以如此关注公共事务,波利比乌斯的解答是:"即便不再存留于人世,英雄般的丰功伟绩也将会被世世代代地口口相传下去。"罗马人若自幼就被灌输了这样的观念,那么有此表现自然就不足为奇了。波利比乌斯并非在质疑这种做法的合理性,相反,他认为希腊之所以始终无法与罗马相提并论,正取决于罗马人所拥有的一本正经与虔诚。

波利比乌斯的眼光之独到,也在身为罗马政治家与雄辩家的马可·图利乌斯·西塞罗[1]的言论中得到了反映。"罗马人在体格与活力上较之高卢人[2]甚劣,人数上又不敌西班牙人(伊比利亚半岛的一支),更毋论与伊特鲁里亚人的锻冶能力一较高下,文艺成果也不似希腊人那般丰硕。罗马人究竟在什么地方拥有长处?那就是对宗教的无比虔诚。"

总结一下波利比乌斯的论述,即罗马人对于宗教的虔诚,也投射在了对公共事务颇表关注的国民性格上。这些要素奠定了罗马帝国的根基,并衍生出势力相对均衡的国家政治体系;全民精力一致对外遂成为可能,罗马最终亦得以蜕变为强盛帝国。

---

1. 马可·图利乌斯·西塞罗(Marcus Tullius Cicero,前106—前43),西塞罗为英文音译,是罗马共和国晚期的哲学家、政治家、律师、作家、雄辩家。
2. 高卢人(Gallia)指的是在铁器时代和罗马高卢时期聚居于高卢地区的凯尔特人,年代在前5世纪—3世纪之间。他们的语言高卢语是大陆凯尔特语支的主要组成部分。

考察罗马史的价值所在

18世纪英国历史学家爱德华·吉本[1]曾潜心研究罗马史中的一个问题：以繁荣昌盛著称的罗马帝国为何最终消亡？相关的内容在其著作《罗马帝国衰亡史》中有所论述。该书以罗马帝国的黄金时期即处在发展顶峰的五贤帝时代开始着笔，研究其兴盛的源头，又从衰退的角度详解为何巅峰时期的罗马终归于式微，并于多个不同的侧面展开了讨论。

不得不说，对罗马帝国缘何而兴、缘何而衰这两大主题的讨论，自罗马帝国存在的那一刻起，始终都是反复被提及的热门素材。从历史的探讨层面来看，对同一历史现象的钻研会因时代背景的不同而产生全新的内涵。20世纪上半叶的俄国历史学家米哈伊尔·罗斯托夫采夫[2]从1917年俄国革命中出逃以来，不断辗转于英国与美国等地，有着丰富的人生体验。他以城市的中产阶级动向和变化为焦点展开论述，并映射到了罗马的兴亡之上；而近年来，围绕罗马历史的研究方向在种类上同样层

---

1. 爱德华·吉本（Edward Gibbon，1737—1794），英国历史学家，著有《罗马帝国衰亡史》。

2. 米哈伊尔·伊凡诺维奇·罗斯托夫采夫（Михаил Иванович Ростовцев，1870—1952）是20世纪俄裔美籍历史学家，美国历史学会会长，俄罗斯科学院院士。因对古罗马和古希腊历史的研究而知名。著有《罗马帝国社会经济史》《希腊化世界社会经济史》。

出不穷，包括罗马的情报收集能力、注重名誉的体系制度以及表现为自行引战的帝国型国防政策等，不一而足。以上内容，都是只有在当代才能够领悟到的全新研究方向，可谓管中窥豹。

任何时代的历史学家们都恪守着同样的原则，即客观地阅读史料并从中探寻历史的真相。但不可避免的是，各个时代所面对的问题以及历史学家自身经历的不同，都会将历史研究导向另一个未知的领域；历史自身也在时代背景和经验体会的重重滤镜之下被再度解构。因此有人云：所有历史都是当代史。

持不同意见者认为，做历史研究就该排除一切不必要因素的影响，拒绝被带跑带偏，以绝对客观公正的态度去考察历史。但笔者要说，人毕竟是会思考的生物，对于历史常被放到当今视角下审视的研究趋势，我们还应以学习的态度来面对为宜。为何经历时代变迁后，对罗马历史的研究只增不减呢？这显然是不同时代中的人们怀揣着"那个时代"所面对的问题，并试图在罗马历史中寻找答案罢了。

席卷全球的大英帝国从罗马身上学到了什么

即便常年研究罗马历史，也时常会得到新的领悟；50 年前虽未能意识到，但放到今天才备感醍醐灌顶的细节同样比比皆是。上文提到的研究方向中，有一条是对罗马情报收集能力的探讨，而它的产生也是有具体背景的：那就是当今的情报收集能力拥有着左右国家安全保障体系的重要地位。我们甚至可以说，在这个时代，比起国家层面的物理军事装备，更要依靠情报收集的能力来一决胜负。

由于工作性质的原因，笔者经常利用各国的图书馆查阅资料。但从没有任何一处能像大英图书馆那样，不仅拥有海量的存书，而且管理秩序井然。虽然可能是一己之见，但笔者认为，大英帝国在经营多个殖民地的过程中，可能也曾认真地借鉴并学习过罗马帝国的情报收集能力。罗马虽不似今天这样处于信息情报爆炸的年代，但其本质也应该大同小异，关键有三：其一，如何尽可能多地收集正确的情报；其二，如何尽快地传达情报；其三，为了能充分利用所得情报，应如何有效地对其开展整备与管理。

罗马为了能收集到正确的情报，特设有密探人员，用现在的话来说叫作谍报员。罗马时代阴谋事件频发，因此不仅是皇帝，连达官贵人手下也配备有相应的特务。而作为提升情报传达速度的重要角色，以亚壁古道[1]为首的众多道路是功不可没的典型代表。资料显示，到 117 年为止，连接了罗马地区数个主要城市的道路总长约为 8.6 万千米。这些道路起初虽因军事用途而建，但同样也在传达情报时发挥了巨大的作用。

---

1. 亚壁古道（Via Appia）是古罗马时期一条把罗马及意大利东南部阿普利亚的港口布林迪西连接起来的古道。

罗马的情报收集能力实际上达到了怎样的高度？这个问题我们很难下定论，因为先前也提到谍报人员都是被要求在私下进行秘密活动的，能称得上史料的记载自然也所剩无几。但凭借某些线索去推测罗马的情报收集能力之高低想必还是不难的，其中一项便是罗马的图书馆。

古代的图书馆中，埃及的亚历山大图书馆[1]尤为著名；而罗马的图书馆亦颇宏伟大气。公元 112 年，为了更好地对拉丁语及希腊语藏书进行保管，两栋装潢气派的图书馆建筑在图拉真时期建造的公共广场上拔地而起。图书馆同样出现在除公共广场以外的地方，例如，因山崎麻里[2]的漫画作品《罗马浴场》而声名大噪的罗马公共浴池，实际上在一旁也附设了图书馆设施——而往大了说，罗马帝国各地实际上也涌现出大量的图书馆，那不勒斯近郊的庞贝[3]古城遗址同样能发现图书馆的相关构造。

---

1. 亚历山大图书馆，又称古亚历山大图书馆，位于埃及亚历山大，曾是世界上最大的图书馆。由埃及托勒密王朝的国王托勒密一世在前 3 世纪时所建造，后来惨遭火灾而被摧毁。
2. 山崎麻里（1967—）是出身于日本东京都的女性漫画家，现居美国芝加哥。2010 年以作品《罗马浴场》获得第三届漫画大奖，同年又以《罗马浴场》获第 14 届手冢治虫文化奖短篇奖。
3. 庞贝（Pompeii），或译庞培，为古罗马城市之一，位于那不勒斯湾维苏威火山脚下。"庞贝"的词根来自奥斯坎语中的"五"，推测可能是此地有五个村落，或最初同属一个庞贝宗族。庞贝于 79 年被维苏威火山爆发时的火山灰覆盖。

昔日的英国南部地区也属罗马治下。虽然目前并不存在能直接证明罗马图书馆与英国图书馆两者之间联系的证据，但鉴于英国人确实已在多个层面对罗马开展了学习，那么对罗马优秀的图书馆及其情报处理体系进行借鉴也并非毫无可能。此种思路，颇有乐趣。

人前表演的罗马皇帝与神秘莫测的亚洲皇帝

东方与西方世界中都有"皇帝"一词。明治时代，当日本正大量地将西方词汇翻译成日语时，恰好将"Emperor"与中国一直在使用的"皇帝"一词相契合了。无论是西方的"Emperor"或是东方的"皇帝"，其本质不过皆表帝国执政者之意，但在性格层面上看，二者却大相径庭。与现在不同的是，无论是曾经的日本天皇或是中国皇帝，二者几乎都从未在民众面前展露过龙颜。无他，为的是提高在百姓心目中的神圣性与神秘性，以求受人敬畏而已。在这样的亚洲政治环境下，民众对皇帝或天皇的批评和评价都是不被容许的。《东武实录》[1]中也有相关

1.《东武实录》由日本江户时代前期的幕臣松平忠冬所撰，记载了二代将军德川秀忠的生平事迹。

内容的记载：德川二代将军德川秀忠[1]发出布告，凡张贴或涂写针对幕府的批判内容者，皆处以死罪。

但如果面对的是罗马的"皇帝"的话，展开批评与评价就宛如家常便饭了。在角斗士竞赛或战车比赛[2]召开时，罗马皇帝常常被奉为座上宾进行观战。但观战途中，皇帝若表现出了对比赛战况兴趣寥寥、漫不经心的态度，或是一直在和身边的人谈天说地的话，马上就会招致不良的风评。

罗马皇帝哈德良[3]因热衷于四处巡回视察而广为人知。一位名为弗洛鲁（Florus）的诗人据此特地作诗挪揄了一番："换

---

1. 德川秀忠（1579—1632），日本江户幕府的第二代将军（1605—1623 年在位），1616—1632 年实际掌权。初代将军德川家康三子，幼名长松丸，母亲为侧室西乡局。因为大哥松平信康早年切腹自尽，二哥结城秀康又于 1584 年的小牧-长久手之战后，作为父亲德川家康与羽柴秀吉达成议和的条件之一，以养子的身份（实际上是人质）被交给秀吉，于是身为三男的秀忠便成为德川家的后继者。
2. 战车比赛（άρματοδρομία）盛行于伊朗、古希腊、罗马和拜占庭地区，是最受欢迎的竞技运动之一。战车比赛对驾驶员和马匹而言都非常危险，激烈的赛况使其常会遭受严重伤害甚至面临死亡。在罗马地区的战车比赛中，车队背后往往有着不同金主的经济支持，有时他们甚至会共同抢夺热门车手。
3. 哈德良（Publius Aelius Traianus Hadrianus Augustus，76—138），罗马帝国五贤帝之一，117—138 年在位。他最为人所知的事迹是兴建了哈德良长城，划定了罗马帝国在不列颠尼亚的北部国境线。他还在罗马城内重建了万神庙，并新建了维纳斯和罗马神庙。身为罗马皇帝，他倡导人文主义，提倡希腊文化。

作是我可不想当皇帝。要在布立吞人[1]之间闲逛打转……还得钻进人群当中，因为他不得不忍受斯基提亚[2]当地的严寒天气。"而面对这样的讽刺，哈德良也不甘示弱，至今仍流传有哈德良对此诗进行反击的内容。"换作是我可不想成为弗洛鲁那样的人。要在便宜的小饭馆里吃喝，还得钻进破酒馆，因为他不得不忍受被圆滚滚的蚊虫所叮咬之苦。"像上面这样的一来一往，在罗马来说实属稀松平常。

不只是哈德良，在罗马被拿作墙壁涂鸦题材的皇帝并不在少数，被人扒得体无完肤的尼禄就是其中之一。当时风闻四起，都怀疑尼禄就是杀害自己母亲的凶手，于是乎，"尼禄、奥列斯特斯、阿尔克马埃翁、弑母者"的标语刷遍了大街小巷。奥列斯特斯与阿尔克马埃翁都是古希腊神话中臭名昭著的弑母者，这一句无疑是在对尼禄发话：你应该也做了和他俩一样的事情吧？

---

1. 凯尔特布立吞人（Celtic Britons）是古代凯尔特人的一个分支，存在于英国的从铁器时代直至罗马时期和后罗马时期。他们是居住于不列颠岛福斯河南方的原住民，所使用的语言今被称为古布立吞语。

2. 斯基提亚（Σκυθική）亦称"斯基泰"或"斯基台"，又译为西徐亚、西古提、叔提雅，是希腊古典时代，古希腊人对其北方草原游牧地带的称呼。这个区域为欧洲东北部至黑海北岸，经中亚草原一直延伸到未知领土之外，这整块区域都被古希腊人称呼为斯基提亚，包括了东欧大草原、中亚与东欧等地。

但即便是出现了如此露骨的批判性标语，也从未有人因触逆鳞而获罪。这似乎是罗马人理所当然的习惯：他们以极其苛刻的眼光去看待皇帝的一举一动，而皇帝一旦有任何引人生疑的地方，无论好坏，其把柄立刻就会被拿去大书特书。因此罗马皇帝都会十分在意民众的眼光，常常不得不在人前装作仁君。同理，现在的民众都会对艺人或者名人持有不一样的眼光，而他们为了能够吸引更多的关注度，亦投其所好，按照民众所期望的那样行动。这两者在本质上是极其相似的。

相似虽归相似，但还说不上完全一致。艺人这么做完全是为了人气而考虑，究竟能否风生水起，全都指望追随者支持度的高低而定；但对于罗马皇帝来说，受民众欢迎的程度固然要紧，但绝非必要条件。历史上也存在过对这种力图博得人气的活动深感苦恼的皇帝，提贝里乌斯[1]（14—37 年在位）就是其中的一位典型代表。他本人不仅具备修养与学识，而且在军事上的表现也可圈可点，绝非无能庸君，甚至可以说是相当有手段的皇帝。但他时常表情严峻又沉默寡言，难以和别人打成一片。这样的

---

1. 提贝里乌斯·克劳狄乌斯·尼禄（Tiberius Claudius Nero，前 42—37），又译提庇留、台伯留、提比略，罗马帝国第二任皇帝。提贝里乌斯继承由奥古斯都（屋大维）缔造的帝国，借由联姻关系，成为史学家所称的朱里亚·克劳狄王朝之继承人。提贝里乌斯个性深沉严苛，执政之后并不受到臣民的普遍喜爱。

性格和表情难免给人以冷漠傲慢的印象，所以长期以来他在民众当中基本没有什么人气，以至于他去世后不仅无人感到悲伤，据说甚至有人喊出了"把提贝里乌斯（Tiberius）的遗体扔进台伯河[1]（Tiberis）里去吧"的谐音笑话。

正相反，千夫所指的尼禄虽因杀害母亲和迫害基督教徒等恶行被视作暴君，但他在民众眼中却一直人气颇高，因为他在面对大众时总穿着气宇不凡的衣装、形象正面，而且还经常盛宴款待平民百姓。大手大脚挥霍的尼禄在经济上出现问题后并不受到军队及元老院的待见，遂丧失立足之地并自杀。但他死后人气依旧居高不下，据说在数年后，坟墓上依旧点缀着色彩缤纷的花朵。

在对执政者的性质进行综合比较时，有人指出：像日本天皇和中国皇帝这样的亚洲执政者固然都以血缘为纽带决定继承者，但罗马的执政者不都是通过选举产生的吗？

实际上，在皇帝的亲属中挑选继承者是罗马时代早期的普遍现象。

开国皇帝奥古斯都因本人膝下无子，所以将王位传给了其

---

1. 台伯河（Tiberis）又名特韦雷河，位于意大利中部，全长 406 千米，是该国第三长的河流。台伯河由于为罗马提供水源而闻名于世。古罗马城建立于此河畔，因而享有"罗马文明的摇篮"之美名。

妻莉薇娅[1]之子，即上文所说的提贝里乌斯。提贝里乌斯有一个名为小德鲁苏斯[2]的儿子，作为接班人而言其位置再合适不过；但提贝里乌斯还有一位名为日耳曼尼库斯[3]的外甥，他有能力也有才干，很受民众的关注。他随后成为提贝里乌斯的养子，也确立了继承人的地位，但却先提贝里乌斯一步撒手人寰。不久，小德鲁苏斯因急病猝然离世。在混乱当中，日尔曼尼库斯之子卡利古拉[4]集万众瞩目于一身，成了提贝里乌斯的接班人。再而后，接手皇位的是日尔曼尼库斯的弟弟克劳狄一世[5]，以及卡利

---

1. 莉薇娅•德鲁莎•奥古斯塔 (Livia Drusa Augusta，前58—29) 是凯撒•奥古斯都（屋大维）的妻子。她是罗马帝国早期最有权力的妇女，屋大维的许多国事都会与她商量，她也多次以实际执政的身份主宰帝国政治。

2. 德鲁苏斯•尤利乌斯•凯撒 (Drusus Julius Caesar，前14？—23) 是第二任罗马皇帝提贝里乌斯的儿子和继承人。通常将其简称为德鲁苏斯或小德鲁苏斯，以与提贝里乌斯的弟弟大德鲁苏斯区别开来。

3. 日耳曼尼库斯 (Germanicus Julius Caesar，前15—19)，是朱里亚•克劳狄王朝的一位王室成员，也是罗马帝国皇帝卡利古拉之父，生前颇受群众爱戴。他的名字日耳曼尼库斯来自他的父亲尼禄•克劳狄乌斯•德鲁苏斯，以纪念其父在日耳曼尼亚立下的军功。

4. 盖乌斯•尤利乌斯•凯撒•奥古斯都•日耳曼尼库斯 (Gaius Julius Caesar Augustus Germanicus，12—41)，罗马帝国第三任皇帝，后世史学家常称其为卡利古拉 (Caligula)。卡利古拉是他自童年起的外号，意为"小军靴"，源于他婴儿时代随其父日耳曼尼库斯屯驻日尔曼前线时士兵为他穿上的儿童款军靴。

5. 提贝里乌斯•克劳狄乌斯•凯撒•奥古斯都•日耳曼尼库斯 (Tiberius Claudius Caesar Augustus Germanicus，简称克劳狄乌斯、克劳狄、革老丢，或模仿后来欧洲君主习惯冠以数字的克劳狄一世，前10—54) 是罗马帝国朱里亚•克劳狄王朝的第四任皇帝，41—54年在位。

古拉妹妹的儿子尼禄。

这么看下来，亲属关系着实有些复杂，但我们以日尔曼尼库斯为中心出发的话大体能梳理出"日尔曼尼库斯的儿子→弟弟→外孙"的继承顺序脉络。由此也能看出，罗马帝国早期确实遵循着以血缘关系继承皇位的模式。即便到了五贤帝时期，虽有先帝指名亲生儿子以外的人作为继任者的情况，却并非选贤举能之故，而大多是因为本身没有儿子或不幸早夭之下的无奈之举罢了。所以对血缘关系的重视程度，并非区分东西方皇帝性格的有力标准。那么问题来了，究竟是什么导致了这种差异呢？

笔者认为，这种差异的诞生与希腊人和罗马人自身的经验体会不无关系，而这种经验与亚洲地区的情况又截然不同。希腊人经历过民主政治的熏陶，他们对于通过人与人之间的竞争来取得最优解的这套体系有切身体会；罗马人对王权政治的独裁深恶痛绝，为了免受这一影响，他们用了500年的时间来捍卫共和政治。这一切都把他们眼中的执政者拉下了高不可攀的神坛，甚至为后世欧亚大陆西部的制度构建带来了深远影响。因此即便同属血缘政治，在民众看来神圣程度究竟有几何，都是值得让人考量的。

以罗马为基准，判断文明程度——古罗马与江户的上下水道

在第 1 章中曾论述过，罗马人与日本人都拥有极强的灵活性和适应性——实际上两者的共通点远不止此，而其中江户时期的日本与罗马之间的共通点尤多。托《罗马浴场》的福，我们了解到两者都喜好沐浴；就厕所的清洁程度方面来看，江户时期的日本与罗马的表现都十分出类拔萃。

江户时期，人的粪便作为优质的田间肥料，是以商品形式在市场上进行交易的。像江户以及大阪这样的大城市里，粪便价格一度居高不下。这种利益关系的产生，要求对公用厕所的所有权进行明确的划分。举个例子，某座长屋[1]中的公用厕所内积攒的粪便，其收入皆归房东所有。说到底这是与金钱挂钩的好东西，所以排泄物都会尽可能地被集中到"便所"（即厕所）内。

日本"便所"的初次出现是在 14 世纪中叶，即镰仓时代后期到室町时代初期；但欧洲在 19 世纪初期才开始使用便盆，且时常伴有从窗户往外抛掷污物的陋习。相比之下，日本的清洁程度确实值得夸赞，哪怕是幕府时代来日的欧美人，也无一不感叹

1.长屋为一种常见的集中公寓住宅形态，基本只有一层（近年来有二层的形态出现）。这个名称也大多专指日本本土特有的住宅，并不具备共性。

日本道路之干净整洁。而在地球的另一端，屎尿横流的欧洲大路上也有古罗马这样的特例：他们同样拥有着高素质的厕所文化。

罗马街道上不仅公共厕所设施完备，而且居然都是抽水式马桶。日本古时虽有称作"辻便所"的公共厕所，但都只是旱厕而已。罗马并没有使用粪便作为肥料的需求，所以在街道上下水道配备齐全的条件下，公共厕所都建在下水道之上，而这就是罗马的抽水式马桶公厕。公厕的排泄物直接流入下水道，干净的罗马街道背后是因污水排放而污染严重的台伯河。2世纪时的罗马医生盖伦[1]亦曾警告："绝对不要食用在台伯河捕到的渔获！"从这个角度去考虑的话，江户虽没有先进的抽水式马桶，但没有将粪尿作为废弃污水进行排放这点，就足以说明江户的方式更卫生一些。

生性洁癖的日本人自然也为提供了清洁用水的河道而殚精竭虑。江户的水道主要流经地下，并被引流至各处的水井。换言之，江户的水井都是与河道紧紧相连的。每年七夕，江户人都会将全城的水井打扫一遍，而打扫之前又需要将井水全部抽取出来，因此这项活动又被称作"浚通水井"。江户城内流淌着六条主要水道，分别是神田上水、玉川上水、本所上水、青山上水、三田上水、千川上水，统称"江户六上水"。其中，

---

1. 盖伦（129—200）出生于别迦摩、逝世于罗马，是古罗马的一位医学家及哲学家，其见解和理论在1000年后的欧洲仍起到重要的作用。

发源于井之头池[1]的神田上水与取自玉川上游（羽村）的玉川上水都是主流，其余四条为支流。玉川上水起自羽村、终于四谷[2]，全长43千米，标高92米，据说其高低误差每米不过2毫米，可见修筑技术之精湛；而罗马城内的水道共11条，最长的一条是在前140年落成的全长91千米的玛西亚水道[3]。罗马的水道虽同样以地下水道为多，但由于地形特殊，无法修建水道的区域皆以高架渠来替代。

水道施工及排设需要大量的资金支持才能进行。在江户，这项工作主要是由幕府主导并施行日常的维护与管理。一年一度的"浚通水井"活动虽能动员全民参与，但平日里的检修工作就靠水利部门的专业人员来做了。诚然，这一系列的管理都需耗费金

---

1. 井之头池（约4.3万平方米）位于井之头公园的中心。井之头池为西北—东南方向延伸的细长水池。

2. 四谷是日本东京都新宿区的一个地区、町名。町名记为四谷，站名以"四ツ谷""四ッ谷"为表记。

3. 玛西亚水道（Aqua Marcia）是一座位于罗马的古罗马时期的疏水渠，修建于前144—前140年。玛西亚水道虽然在古罗马末期被废弃，但在1586年新建的菲利克斯水道再度利用了玛西亚水道的众多设施，迄今仍在使用。水道全长91.3千米，其中80.3千米位于地下，11千米位于地上。玛西亚水道是当时罗马水量第二大的水道桥，主要供给饮用水，且大多供民居使用。

钱，所以江户为此特设名为"水银"的专项缴纳费用，费用高低依据身份而定。一般而言以武家[1]八成、寺庙神社二成的比例进行划分，即便户数较多也同样能享受低廉的用水价格。而反观罗马，水利设施的修建一般由拥有资产的个人来承担。阿皮亚水道是罗马最古老的一条水道，其修建者是执政官阿庇乌斯·克劳狄·卡阿苏斯[2]。因为是个人为公共而修建的设施，所以罗马的水道用水都是向所有人免费开放的。

这么一说读者们可能就会觉得，按这个道理，罗马的操作方式岂不是更为优越吗？乍看之下似乎没错，但长远角度上决不能如此断言。这里有个症结：基础设施是需要定期维护的，而且维修费用会随着设备老化而逐渐增加。富人们当然热衷于给新设施冠名，或是就地树立一块纪念碑供人瞻仰，向民众们展示自己的慷慨与大方，但维护设施是一件相当低调无趣的工作，即便对此出资，富人们也无法从中得到有意义的回报。所以富人们在设施维护上表现得并不积极，直接忽视公共设施所具有的社会意义，甚至连国家本身也没有负起管理相关设施的责任

---

1. 武家是对日本历史上掌握军事权力的家族或族系的通称，一般用来指幕府将军家族。而后除了幕府与御家人之外，也用来作为武士阶层的通称。
2. 阿庇乌斯·克劳狄·卡阿苏斯（Appius Claudius Caecus）活动于约前4—前3世纪，是古罗马监察官、著名演说家。西塞罗时期，他的一些葬礼演说仍被诵读。

来。结果自然不难预见，君主政治末期的罗马举目皆是残败破旧的公共设施，这也是压死罗马帝国这只骆驼的其中一根稻草。

说起罗马的水利设施，很多人第一时间想到的应该是特雷维喷泉吧。为喷泉供给用水的，是由开国皇帝奥古斯都的心腹马库斯·维普撒尼乌斯·阿格里帕所修筑的处女水道桥[1]。至今仍源源不断地提供着用水的处女水道桥，在罗马帝国灭亡后也曾一度无法使用，而在千年之后罗马教宗尼古劳斯五世[2]重新修复了该水利设施。在完全修复并且扩张完毕后，处女桥水道亦被呼作"Acqua Vergine"。

"名誉"立国——"武士道精神"与"先代遗风"

在古地中海世界存在了千年以上的国家里，为何唯有罗马成了帝国？19世纪末期，在欧美列强不断扩大在亚洲的殖民扩张和统治时，为何只有日本能够免受波及保持独立？这两个问题所处的时代不同，而且问的内容也风马牛不相及，但笔者认

---

1. 处女水道桥（Acqua Vergine）名称的由来，据说是前19年的一位罗马技师为了帮助一位少女，从13千米外将饮用水引入了这个地区而得名。处女水道桥同样将干净的水源引入马库斯·维普撒尼乌斯·阿格里帕浴场，并且被罗马人使用了超过400年。
2. 教宗尼古劳斯五世（Nicolaus PP. V，1397—1455）原名托马索·帕伦图切利（Tomaso Parentucelli），1447年3月6日当选罗马主教（教宗），同年3月19日即位，至1455年3月24日为止。

为对这二者的内核有一致的解读，那就是罗马的"先代遗风"与日本的"武士道精神"，说它们是支撑国家的精神支柱也是毫不为过的。

作家新渡户稻造[1]所著的《武士道》最初为英文版本，其定位是一本面向欧美人的读物。新渡户在某次发言中提到日本并没有进行任何的宗教教育时，同行的欧美人颇感震惊：没有宗教的话，你们是如何传授道德的？为了回答这个问题，新渡户绞尽脑汁地进行探究，并借此契机撰写了《武士道》这本书。究竟是什么孕育了我们日本人内心的善与恶、是与非的观念呢？自问自答的他认为，其突破点就是"武士道"。

新渡户口中的"武士道"并非粗枝大叶的切腹行为或"特攻精神"[2]，而是一种柔和的武士心境，即"明白礼节，不失恻隐，

---

1. 新渡户稻造（1862—1933）生于日本岩手县盛冈市，是国际政治活动家、农学家及教育家，于1901年提出《糖业改良意见书》。
2. 特攻精神源自第二次世界大战中的一支特别攻击队，通称为"神风特攻队""神风突击队""神风敢死队"等，由日本海军中将大西泷治郎首倡。二战末期，日军为了对抗美国海军强大的优势，挽救其战败的局面，便利用日本人的武士道精神，按照"一人、一机、一弹换一舰"的要求，对美国海军舰艇编队、登陆部队及固定的集群目标实施自杀式攻击。这种行为被日军广泛地用于二战后期的战场上，皆因日本的兵力、武器装备、补给物资均逊于盟军，因此求以最少资源造成最高破坏力。

舍弃私心"。严于律己、宽以待人,这对自律和自戒提出了很高的要求。

武士道常被人们拿去与欧洲中世纪的骑士精神做比较,觉得这二者之间极为相似;但笔者认为,若要论相似程度,罗马的"先代遗风"[1](Mos maiorum)更在其之上。顾名思义,"先代遗风"即祖先的名誉之意。在忠实继承祖先掷地有声的行事原则的同时,又为了不失脸面而处处自律,以求名誉得存——这就是专属于罗马人的强烈执念。这层信念越是毫不动摇,则罗马人越是将"先代遗风"贯彻到了日常的每个角落,追思先祖的威严与德望并不忘将之进一步升华。罗马的大雄辩家西塞罗提到:"罗马建立在古来的习惯和每个人的个体之上。"这证明了反复琢磨先代遗风的行为不仅是罗马人墨守的成规,更是一种重要的智慧和技术,因为它构成了人类的所有生活。

所以对于罗马人而言,战争的目的固然是为了胜利,但胜利并不是战争的最终追求,获得名誉才是。当我们谈论罗马的Imperialism(帝国主义)时,一定不能忘记这一点。换言之,罗马并不单纯为了扩大领土而战,罗马人尤其是身居元老院高

---

1. 先代遗风是古罗马时期不成文的一种社会规范,是罗马传统主义的核心概念,与现有的成文法有所不同,但二者之间具有互补性。"Mos maiorum"是久经考验的精神原则、行为模式和社会习俗的集合,深刻影响了古罗马的私人、政治和军事生活。

层的贵族们达成了这样的共识：通过战争去展现自己优于别人的地方并为人所熟知是非常重要的，而其中最有效的手段就是立下军功。因此所有人都在为取得胜利——或者说得直白点，为了自己的军功——而不断努力着。

读者们可能要问，上面讲的这些内容难道不都是放之四海皆准的吗？还真不是，实际上是有明显差别的，那就是对"名誉"一词定义的不同。举个例子，古希腊同样是注重名誉的国家，但是希腊将军一旦战败便不被允许踏上故土。如果将军活着回来了，轻则流放边疆、重则处以刑罚。但罗马则不同，战败者也依然能够回到故乡。如果他曾英勇战斗却依然不幸战败的话，乡人甚至会以温暖的态度迎接他的归来。希腊人给战败者戴上了一顶不光彩的帽子，而罗马人的思维模式则大为不同：如果这已经是努力奋斗后得到的战果，那他能活着回到故乡的这一刻，早已充分感受到了本人身上所背负的耻辱，我们也就不应该对他施以更多的苛责。这里就产生了决定性的差距。

这一差距带来了怎样的结果呢？希腊的战败将军要么战死沙场，要么活得下来的人全都逃至国外。而罗马的战败将军，则会将战争失败的耻辱化作下一次战斗的动力且不断前进，罗马人也会对他们寄予厚望，给他们一个打翻身仗的机会。不仅仅是尤利乌斯·凯撒，其实罗马有许多名将都经历过大量的败仗，而他们也都卧薪尝胆并取得了之后的胜利。

以上就是对于"名誉"看法的根本性差异。无论受到了何等的屈辱，只要能通过某种手段或方法取得名誉的话，再大的屈辱也能一笔勾销——深受此观念影响的罗马人自然对万事万物都怀有执念，也可以说正因如此才成就了罗马的帝国基业。包括日本，也拥有"名誉挽回（日语：名誉挽回）""洗刷污名（日语：污名返上)"等相关词汇，体现出了对再次挑战的接纳与认可之风气。

罗马帝国为何伟大——有关罗马的宽容

前段日子，笔者在某个居酒屋和住在附近的人聊了聊关于罗马的内容。那人似乎对罗马历史饶有兴致，当知道笔者是研究罗马史的专家之后，他问了句："哎，你说，为什么罗马帝国能如此伟大？""这个问题我可不好回答，"笔者缓了缓，又说，"但如果真要用一个词来概括的话，可能就是'宽容'吧。"

这个解答虽然不只适用于古罗马，但世界上的大国里能称得上以"宽容"立国的，想必寥寥无几。其中的大多数都以军事镇压为开端，并且往后数年间都需要持续地施加武力以求平稳过渡。但此处有一个限度的问题，若持续无休止地进行压制则容易招致不满，催生反政府运动。所以普遍的做法都是将力度控制在极限范围之内，"在这个程度下的话你们想干什么就干什么吧"，随后再引导其建立一定程度的自治体系。从头到尾都维持着严刑苛政的国家，没有一个能够长治久安，其中的典型就是古亚述帝国[1]。

亚述王国在前2千纪时兴起于北美索不达米亚，而后通过武力不断扩大版图并成长为亚述帝国。顺带一提，现在我们所说的亚述帝国，一般泛指自新亚述王国提格拉特－帕拉沙尔三世[2]即位起，到亚述巴尼拔[3]统治的约120年的时间。亚述帝国是名副其实的"高压帝国"。

对于属下各行省，亚述帝国课以重税并施行高压政策，而其中最令百姓苦不堪言的是对人员的强制性掳掠和逮捕。强行逮捕在当时虽是东方各国通行的一项政策，但没有哪个国家能像亚述这样具有组织性，其规模之大举世罕见。不堪重负的州民随即纷纷表示不满，并揭竿而起。接踵而至的叛乱一点点地削弱了亚述

---

1. 亚述是兴起于美索不达米亚的国家，使用的语言有阿拉米语、阿卡德语等。前8世纪末，亚述逐步强大，先后征服了小亚细亚东部、叙利亚、腓尼基、巴勒斯坦、巴比伦尼亚和埃及等地。国都定于尼尼微（今伊拉克摩苏尔附近）。亚述人在两河流域古代历史上频繁活动时间前后约有2000年。后来亚述人失去了霸主地位，不再拥有独立的国家。
2. 提格拉特－帕拉沙尔三世（又名提革拉－毗列色三世，Tiglath-Pileser III，？—前727），亚述国王（前745—前727年在位），巴比伦国王（前729—前727年在位）。提格拉特－帕拉沙尔三世是亚述新王国时期最重要的君主之一，更被认为是新亚述帝国的创建者。经过他的努力，亚述国家再次从衰弱走向强盛。
3. 亚述巴尼拔（Aššur-bāni-apli），亚述国王，前669或前668—前627年在位。在他统治时期，亚述的疆土和军国主义达到了崩溃前的巅峰。

帝国为数不多的国力，亚述帝国也终于在前 612 年被米底[1]人与迦勒底[2]人组成的联军占领了首都尼尼微[3]，堂堂帝国轰然倒塌。

　　单纯通过强制性的方法进行管理，是无法长期维持帝国稳定的；而过于宽容又容易陷入难以收拾的局面。面对不同的价值观，容许的范围和尺度又在哪里？收放之间的平衡实在难以控制。从这个意义来讲，罗马在"宽容"上的游刃有余可谓精妙无比，不强制要求各行省使用拉丁语便是一例。强制要求平民百姓"必须讲拉丁语"只会带来不满，而放任其在自由的环境当中生活一段时间后，他们自然就会领略到讲拉丁语给生活带来的好处，从而自发地开始学拉丁语、用拉丁语。这与如今的英语学习之现状不谋而合：若强行让人讲英语，必然会有人固执地认为"日本人懂日语不就够了吗？"；而一旦在工作或海外旅行时领会到"自己要是会英语就更好了"的话，不用任

---

1. 米底王国或米底亚王国（Median Dynasty），又称玛代王国（Mādai），是一个以古波斯地区为中心的王国，领土面积最大时西起小亚细亚的卡帕多西亚，东至阿拉霍西亚西部。米底人隶属印欧语系，是第一批在伊朗高原地区定居的民族。亚述帝国曾入侵伊朗高原，试图征服。但是亚述的入侵，促使米底各部落走向联合，从而形成了米底国家。
2. 迦勒底（又译加尔底亚）是一个古代地区的名称，属巴比伦尼亚南部，即现今伊拉克南部及科威特。前 625—前 539 年期间开始有部落进入该区居住，这些部落的住民就被称为迦勒底人、加尔底亚人或新巴比伦人。
3. 尼尼微（Nineveh）为古代亚述帝国的重镇之一，位于底格里斯河东岸，在今伊拉克北部城市摩苏尔附近。

何人去逼迫，他自己就会掏腰包去学习英语。

能将这种微妙的"宽容"运作得炉火纯青的，就是尤利乌斯·凯撒。

罗马盛传"Clementia Caesaris"一词，直译为"凯撒的慈爱"。虽然凯撒被评价为心胸宽容的人物，但这并不能掩盖掉他所做过的残忍行为。凯撒的宽容只留给罗马市民以及那些服从和示弱的人，而对于胆敢反抗者，他向来都是不留情面地逐个击垮。面对针锋相对的高卢人，凯撒毫不犹豫地实施了军事镇压和残酷刑罚，而随后高卢人面露怯意深表顺从时，凯撒的态度则快速地由阴转晴，展现出了其宽容的一面。

凯撒唯独对罗马市民表现出了极为耐心的宽容，从他对马可·尤利乌斯·布鲁图斯[1]的态度上就可见一斑。作为政敌，无论布鲁图斯如何挑衅和挑战凯撒的权威，凯撒也因念其同为罗马人而多次容许了他不当的犯上行为。不仅如此，他还为布鲁图斯安排了新的工作，可谓仁至义尽。可见，凯撒在宽容的处理和使用方式上，绝对是经过认真考虑的。也正因如此，凯撒在被刺时喊出的那句"布鲁图斯，怎么是你？"（Et tu, Brute?）里面必然也包含了复杂的情绪。笔者认为，这可能也深

---

1. 马可·尤尼乌斯·布鲁图斯（Marcus Junius Brutus Caepio，前 85—前 42 年 10 月 23 日），又译布鲁图、布鲁特斯，是罗马共和国晚期的一名元老院议员。他组织并参与了对凯撒的谋杀。

怀着凯撒"我已对你的放纵百般忍让，你为何却做到这个份上"的不解与遗恨吧。

因"宽容"成长的罗马毁于"傲慢"

如果说"宽容"成就了罗马帝国，那令罗马覆灭的又是什么？一言以蔽之，应该就是"Hubris"（傲慢）了。"Hubris"一词源自古希腊神话，形容人所拥有的极大野心和自尊心使得自信成为傲慢，最终使人堕入万劫不复之地。"Hubris"是古希腊悲剧的核心要素，而罗马人面对独裁时，近乎偏执的厌恶可能也由此而来。

这里跑个题，为什么说"Hubris"是悲剧的核心呢？因为悲剧是胜利者的专属代名词。如果原本就是失败者，对他而言也就无所谓喜剧与悲剧之分了。悲剧，正是用以描述身为胜利者的幸运儿如何变为失败者的过程，所以我们才会说悲剧只降临在胜利者的身上。

关于罗马帝国的灭亡，有几个大的原因值得谈一谈，首先就是外族的入侵。帝国时代末期的罗马深受外族入侵的袭扰；另外还有前文提到的基础设施老化所引发的一系列问题；甚至军事费用的增加也让国家财政陷入了困境——但这些都并不是让罗马帝国加速进入末期的根源。

毕竟，罗马被外族入侵早也不是一次两次的事情，所以外族入侵本身并不构成任何问题，关键在于外族的频繁入侵使罗马失去了反抗的力量，让帝国迈入了迟暮；公共设施方面也正如先前所提及的那样，确实，就算是出资对设施进行维护与修缮，富人们也无法从中得到相对划算的回报，对此积极性不高也不难想见。虽是事实，但积极性不高不等于完全置之不理，相反，在这期间还是有过几次排查和修整的。然而，腐朽与老化日益加剧的设施，本来就应该尽早置换全新的……当然这就是后话了，其本质体现在富人阶级的钱包没有以前那么鼓了。

还记得笔者上文说到的参军条件吗？富人阶级的萎缩也与军事费用的减少直接相关。18 世纪之前，大多数国家的财政支出中军事费用都占了很大的比例，军事预算占到全部预算的 2/3 是相当常见的。而罗马也不例外，军费支出大约占国家财政的七成。在这种条件下，疆域辽阔的罗马帝国能够正常运作，靠的是中央派遣至全国各地的官僚的惨淡经营，而各地进行国家运营管理的费用，大多也由当地的志愿者自费承担。为何要充这个大头？无他，始终贯彻"先代遗风"并获取"名誉"耳。

像这样纯粹依靠个人资产多寡和名誉心支撑的国家运营是十分脆弱的。国家发展稳定则已，而一旦政局不稳就会滋生各种问题，陷入危险的境地。历史上，罗马在 3 世纪时有军人乱世上位，为了平定不安的局势，军事活动就显得更为必要，筹措军费的过程中也不得不对公民课以重税。富人阶级比较有手段，他们能通过各种方式逃税漏税，所以课税最后变成了对贫民百姓单方面的剥削。结果税收非但不见涨，还引发了群众不满，使得事态进一步恶化。

另有经济学家指出，以罗马为首的奴隶制社会中，重活累活全部都由奴隶来承担，上层不识民间疾苦并大叹"何不食肉糜"，自然也就不会在改良和优化上花太多心思。对于历史学家来说，这是一个非常新鲜的观点，笔者也深有同感。

罗马能发展到此等高度，与其向古希腊或伊特鲁里亚学习时展现出的灵活性有关。而在罗马成为帝国"胜利者"后，却变得傲慢而不自知，也不再追求自己昔日引以为傲的灵活性了。所以我们能得出结论，罗马的覆灭是罗马帝国忘记初心，变得"Hubris"之后所产生的必然结果。其实日本不也犯下了同样的错误吗？近年来不断发生的日本企业数据窜改案件便是一个危险的征兆。它意味着，日本正在逐渐失去维持灵活性所需的诚实品质。深知罗马最终结局的笔者，不禁要为日本的未来感到恐惧。

"睿智"之希腊、"富裕"之迦太基与"胜利"之罗马

古希腊哲学家柏拉图对"人的兴趣"展开了一番有趣的研究，他认为人类主要有三种兴趣：对"知识"的渴求、对"金钱"的追捧以及对"胜利"的向往，人类的行为大多情况下就被这三种兴趣所驱动。笔者初次读到这句话时深感震惊，因为柏拉图所说的这三种兴趣，与希腊、迦太基和罗马的性质也恰好一一对应，即希腊人对于知识的兴趣、迦太基人对于致富的兴趣以及罗马人对于胜利的兴趣。罗马在柏拉图的时代中还只是个蕞尔小国，连柏拉图本人都未必知道罗马的存在。因此，

柏拉图这句话虽并非用以描述罗马的情况，但却依然能精确地体现出三者的特征，可谓真知灼见。

森本哲郎[1]在其著作《一个通商国家的兴亡——迦太基的遗书》（PHP研究所，1989）中提出了"迦太基即日本，罗马即美国，希腊即欧洲"的言论。毋庸置疑，希腊与欧洲确实极为相似，它们都拥有着悠久的历史和文化，民众对于知识的渴望也是数一数二的；而迦太基国土虽小，却是在地中海地区贸易中独占鳌头的经济大国。森本先生或许是把泡沫经济[2]时代处于顶峰的日本拿来与迦太基做对比了吧。

迦太基与日本之间还有其他的共通点。第二次布匿战争[3]中迦太基败给罗马后，其军事力量虽被夺去，但此后却以经济建设重新振兴了国家；第二次世界大战后，仍保留有自卫队[4]的日本

---

1. 森本哲郎（1925—2014）是日本著名自由评论家，电视节目主持人森本毅郎之兄。曾任东京新闻和朝日新闻的记者，担任信息节目的主持人，1988—1992年担任东京女子大学教授。被誉为"对日本文明进行批判的第一人"。
2. 日本泡沫经济，在日本称为泡沫景气（バブル景気），是日本在20世纪80年代后期到90年代初期出现的一种经济现象。但一般是指1986年12月到1991年2月之间共四年三个月的时期。
3. 第二次布匿战争是古罗马和古迦太基之间三次布匿战争中最长也最有名的一场战争，前后共作战16年（前218—前202）。
4. 自卫队是日本在第二次世界大战后延续至今的国家防务部队，自卫队在名义上并不是军事组织，但实际上的功能等同于其他国家的军队，只是在法理与预算上受限。

放弃了战争，国力却在经济的推动下得以复苏。二者的经历是何等惊人的相似！我们也大可以说，无论是迦太基人还是日本人，都对财富有着浓厚的兴趣。至于罗马和美国，皆为军事大国、经济大国，且二者都对胜利有着强烈的追求。森本先生之所以将欧洲比作希腊、日本比作迦太基、美国比作罗马，无疑是通过回顾历史上这三个国家的命运，为日本未来的去向敲响警钟罢了。

迦太基在第一次、第二次布匿战争中虽丧失了大片国土，但依靠经济重振国威，成长为被称作"地中海的女王"的经济大国。对于长年来多次交手的罗马而言，以摧枯拉朽之势迅速复兴的迦太基是潜在的巨大威胁，原本用以压制迦太基发展的巨额战争赔偿金，居然也分期还清了。恢复了元气的迦太基甚至直接撕毁了"非罗马许可，不得与他国交战"的约定，频繁地与周边国家爆发或大或小的摩擦。迦太基或许觉得，罗马帝国虽然傲慢，但这么点小事儿应该还是会允许的吧。

但清高且好胜心强的罗马人可不这么想。为了斩断未来的祸根，罗马帝国展开了对迦太基的歼灭运动，直接发动战争，这也是第三次布匿战争（前149—前146）的由来。罗马此举其实也是杀鸡儆猴，提醒周边国家要谨言慎行："破坏了约定的人是不能被原谅的！"将迦太基化作一片焦土还不够解气，罗马人随即在土地上洒满了盐，从此，该地被彻底破坏，寸草不生，迦太基也在字面意义上灭亡了。

性质近似的我们希望能从迦太基的湮没当中获取某种经验，认真思考下一步应该怎么走，以求不再重蹈其覆辙——学习历史其实就是这样的过程。笔者特别喜欢被誉为"印度独立之父"的莫罕达斯·卡拉姆昌德·甘地[1]的一句名言：

"要活就要像明天你就会死去一般活着。要学习就要好像你会永远活着一般学习。"

(Live as if you were to die tomorrow. Learn as if you were to live forever.)

人类一旦觉得自己快要死了的话，就容易生出"即便现在再学也来不及了"的念头，学习欲望自然也被打消了，所以请各位一定要像自己能够永生一般努力地学习；而若明天就是自己的死期，剩余不多的时间里就会为了不留遗憾而万分珍重，所以请各位一定要像自己明天就会死去一般活着。甘地的这句话，实际上也是对"珍惜每一天"和"活到老，学到老"的最佳注解。

现在究竟该学习些什么呢？不如让我们继续从历史中，特别是罗马的兴衰中汲取更多的养分吧。

---

1. 莫罕达斯·卡拉姆昌德·甘地（1869 年 10 月 2 日—1948 年 1 月 30 日），尊称圣雄甘地，印度国父，印度民族主义运动和国大党领袖，带领印度独立并脱离了英国殖民地统治。他的非暴力哲学思想影响了全世界的民族主义者和那些争取和平变革的国际运动。

第 3 章

相同的时间，相同的事件

——汉王朝与罗马帝国，孔子与释迦牟尼

"扎玛战役"与"垓下之战"发生的前 202 年

听起来挺不可思议的：当我们俯瞰整个世界史时，不难发现许多相互类似的事件即便八竿子打不着，但居然都在同一时期巧合地发生了。如同序章中所讲，前 202 年东方与西方都同时诞生了世界性的帝国，一个叫作汉王朝，另一个叫作罗马帝国。从历史教科书的定义来看，在此之前其实也存在过叫作"帝国"的政体，而最早能够追溯到的世界帝国就是亚述帝国了。亚述帝国后是波斯帝国，亚历山大大帝击破波斯后马其顿王国雄起……至于罗马帝国那就是后话了。而当我们把视线转向东方，便知在汉王朝建立之前也有以"始皇帝"秦始皇而著名的秦王朝。

上面的帝国无一不以其辽阔的疆域而声名远扬，但笔者认为它们并不能被称为"世界帝国"，道理也很简单，因为它们都不是长期存在的稳定政权。秦始皇亲手打造的秦王朝仅一代后便崩坏殆尽；亚历山大大帝的国家也在他死后四分五裂。

从这个意义上，真正能冠以"世界帝国"之名的只能是罗马帝国和汉王朝了。而历史上首个帝国的诞生，出人意料地在前 202 年同时发生在东西两方。也有人认为，罗马帝国诞生的年份应从奥古斯都即位的时间算起。确实，罗马皇帝的诞生及其君主制的开端，是从屋大维在前31年亚克兴海战¹中大败克利奥帕特拉²–安东尼³联军四年后获得奥古斯都的称号而开始的。因此，若以皇帝的有无作为界定标准的话，罗马帝国诞生的时间就应是前27年。但笔者整理了罗马成为帝国的条件和要素后发现，奠定了第二次布匿战争战果的扎玛战役（前202），即罗马战胜迦太基的一战可能才是最为关键的，它决定了罗马今后的命运，可谓如转折点般的存在。所以笔者断定，罗马帝国诞生的时间应是在扎玛战役中取胜的前202年。

前3世纪时，迦太基是屈指可数的强国之一。我们现代人回顾这段历史时，往往会被迦太基和罗马对战时被打得溃不成军、体无完肤的描述蒙蔽双眼，以为迦太基不过区区虾兵蟹将，

---

1. 亚克兴战役（Battle of Actium）是罗马共和国的马可•安东尼、古埃及托勒密王朝法老克利奥帕特拉七世联军与屋大维之间的一场决定性战役。此战发生于前31年9月2日，地点为希腊阿卡纳尼亚北部亚克兴附近的爱奥尼亚海海域。战役以屋大维胜利告终，促使他后来成为罗马帝国的统治者。
2. 克利奥帕特拉七世（Κλεοπάτρα Φιλοπάτωρ，又译克娄巴特拉七世、克利欧佩特拉七世、克丽奥佩特拉七世，前69—前30）世称"埃及艳后"或"埃及妖后"，古埃及托勒密王朝末代女王。
3. 马可•安东尼(Marcus Antonius，前83—前30)是一位古罗马政治家和军事家。他是凯撒最重要的军队指挥官和管理人员之一。凯撒被刺后，他与屋大维和雷必达一起组成了后三头同盟。前33年后三头同盟分裂，前30年马可•安东尼与埃及女王克利奥帕特拉七世先后自杀身亡。

那就大错特错了。如果向当时的人提问"你觉得迦太基和罗马谁更强",恐怕还会引发一阵争执。第一次布匿战争中罗马以微弱的优势战胜了迦太基,不过伤敌一万自损八千,并没有占到什么便宜;第二次布匿战争时,虽然罗马确实取得了完胜,但中途却不慎让敌将汉尼拔入侵了罗马帝国本土,结果在意大利南部地区坎尼激战后品尝了一把败北的滋味。

坎尼会战[1]虽然只持续了一天,却因其战况惨烈而被认定为"第一次世界大战之前战亡人数最多"的旷世之战。位于意大利南部的战场对于率领迦太基军队的汉尼拔来说明显没有主场作战优势,况且从军队装备与士气来看,迦太基军队也远不如罗马军队。可就是在这样的作战条件下,不幸战死的士兵却大多属于罗马一方。罗马虽在第二次布匿战争中取得了事实上的最终胜利,但军队也确实经历了相当恼人的一番苦战。

言归正传,第二次布匿战争始于前 219 年、坎尼会战是 216 年、扎玛战役是前 202 年……这么看的话,罗马军队用了 17 年

---

1. 坎尼会战(Battle of Cannae)发生于前 216 年,是第二次布匿战争中的主要战役。此前迦太基军队主帅汉尼拔入侵意大利,并且屡败罗马军队。而为了截断罗马之粮食补给,进一步打击其士气,汉尼拔于是进兵至意大利南方之罗马粮仓坎尼城。8 月 2 日,迦太基军与罗马军相遇,大战爆发。汉尼拔运筹帷幄,成功地以少胜多,击溃了由罗马执政官保卢斯与发罗二人所统领的大军。此战虽然并没有令迦太基彻底击溃罗马,但因汉尼拔战术运用之高妙,时至今日仍被誉为军事史上最伟大的战役之一。

都还没在迦太基身上取得决定性的胜利。扎玛战役中率领罗马军队的大西庇阿也曾参与坎尼会战，且历史考证认为他是在那场激战中得以幸存的人物之一。大西庇阿吸取了坎尼会战中不敌迦太基的惨痛教训并做好了周全的准备，不敢掉以轻心，重振旗鼓向迦太基发起进攻。

扎玛一役后，大获全胜的罗马火速地制定了战后条约，对迦太基施行了诸多惩戒和限制，其中包括限定了迦太基的国境范围，不得拥有其他属地；剥夺其交战权；要求巨额的战争赔款等。罗马心想，这样一来迦太基就算再怎么努力也永世不得翻身了吧？然而让大家都意想不到的是，迦太基的经济恢复能力实在过于迅猛，而相比原先约定的 50 年的还款期限，迦太基只用了不到一半时间（约 20 年）就还得差不多了。面对此情此景，罗马怎能熟视无睹？为了彻底压制迦太基的复兴，罗马一声令下发动了第三次布匿战争，最后把迦太基打得毫无还手之力。因此从全局上看，真正将迦太基推向灭亡深渊的第三次布匿战争不过是可有可无、锦上添花的点缀，第二次布匿战争（扎玛战役）获胜后的罗马早已手握西地中海的地区霸权，达成建立"罗马帝国"的必备条件了。

在西方世界决定了地区老大是谁的同一年（前 202），地球彼岸的东方、如今的中国地区也发生了一件类似的事情，那就是垓下之战。这场因"四面楚歌"的故事而广为人知的战役里，对战双方分别是项羽和刘邦。项羽率领的楚军与刘邦率领的汉军一决高下，最初占据力量优势并猛烈进攻的是项羽的楚军。然而项羽的性格孤高、特立独行使得军中矛盾频生，各路手下与诸侯由是纷纷反叛、举手投降，最后项羽反倒是被刘邦的汉军逼入了绝境。

战后双方曾一度约定平分天下，但机敏的刘邦认为机不可失、时不再来，转而反目撕毁约定并乘胜追击，慌不择路的项羽也被逼到了垓下之地（今安徽省蚌埠市固镇县），不得动弹。这时，项羽的耳边突然回荡起熟悉的楚地歌谣——吟唱楚国歌曲实际上是刘邦用来消除楚军战意的作战策略，为的是让项羽误以为"如果已经有这么多楚军都倒戈了的话，再怎么反抗也无还手之力了"。这套方法在项羽身上十分奏效，他带着为数不多的残兵败将落荒而逃。但能力毕竟有限，眼看无法逃出生天的项羽毅然决然地在乌江（今安徽省马鞍山市和县乌江镇）边上自刎，为自己的人生画上了句号；而项羽的死，也意味着汉王朝终于尘埃落定。

所以，前202年是一个极为罕见的历史年份，它集汉王朝的出现与罗马帝国的诞生以及东西两方同时孕育出了世界帝国于一体，不可多得。在此谨做小结。

袭向罗马帝国与汉王朝的"3世纪危机"

同时诞生于东西方世界的两大帝国——罗马帝国与汉王朝，也鬼使神差地同时迎来了国家存亡的危急时刻。扎玛战役400年后，罗马面对的是被称作"3世纪危机"¹的混乱时期；汉王朝在2世纪末的黄巾起义（184）后陷入了群雄割据的三国时代。

罗马帝国最为安定的时期就是"五贤帝时代"，这个巅峰状态甚至超越了罗马史的范畴，可以称之为是人类历史上最幸运的时代。"五贤帝"时代的繁荣从表面上看源自于皇帝的"德治"，实际上是依靠强大的军事力量支撑起来的。颇为讽刺的是，这同样也为后来军人皇帝的拥立埋下了伏笔。

五贤帝中的末代皇帝马可·奥勒留²有"哲学家皇帝"的美誉，德才兼备。在他死后，长大成人的儿子康茂德³顺理成章地

1.3世纪危机，又名军事无政府状态或帝国危机（Crisis of the Third Century），是指罗马帝国在235年（皇帝亚历山大·塞维鲁被杀）至284年（皇帝戴克里先即位）间受到三项同时发生的危机而衰落甚至接近崩溃的过程。这三个危机分别是：外敌入侵、内战及经济崩溃。在这段期间，罗马帝国的组织、社会、日常生活以至宗教均产生了根本的转变，包括承认基督教，因此该危机被视为古典时代前期和后期之间的分水岭。

2. 马可·奥勒留（Marcus Aurelius，121—180）全名为马可·奥勒留·安东尼·奥古斯都（Marcus Aurelius Antoninus Augustus），是罗马帝国五贤帝时代最后一个皇帝，拥有凯撒称号（Imperator Caesar），于161—180年在位，有"哲学家皇帝"的美誉。

3. 康茂德，全名鲁基乌斯·奥勒留·柯莫杜斯·安东尼努斯（Lucius Aurelius Commodus Antoninus，161—192），又译为柯摩达、科莫德斯、高摩达、柯姆德斯、康莫都斯、科莫都斯等，是2世纪末的罗马帝国皇帝，180—192年在位。康茂德虽然是有名的哲学家皇帝马可·奥勒留的亲生儿子，但他执政的12年期间普遍不受元老院与一般人民的欢迎，被同时代的史学家卡西乌斯·迪欧视为另一位暴君的典范，并结束了过去帝国五贤帝时代的繁华。

接任了皇位，却不曾想这其中所暗含的波谲云诡。

康茂德虽然和他父亲一样聪慧，奈何却是不肖子孙，在位期间暴政尤多且严。所以，他在皇帝的位置上仅仅坐了 12 年就被人暗杀了，并且据说他的妻子也在其中分了一杯羹。这也符合世人对暗杀的一般认知：如果想要对执政者进行暗杀的话，执政者身边的人绝对逃不了干系，没有他们的协助，接近执政者简直难于登天。

不仅是康茂德，包括针对卡利古拉和图密善[1]的暗杀也全都是身边人在作祟。康茂德身亡后，继位的佩蒂纳克斯[2]在位时间为 193 年 1—3 月、尤利安努斯[3]在位时间为 193 年 3—6 月，他们全都在极短的时间内惨遭暗杀。混乱之中，塞普蒂米乌斯·塞维鲁[4]登上了皇位。

前文提到，塞维鲁是罗马历史上第一位外族皇帝，而在此

---

1. 提图斯·弗拉维乌斯·多米提安努斯 [Titus Flavius Domitianus，又译为"多米提安""图密善"（Domitian），汉文神学书籍译作豆米仙或多米田，51—96] 继承父亲维斯帕先与兄长提图斯的帝位，为弗拉维王朝的最后一位罗马皇帝，81—96 年在位。由于他执政中后期曾严酷处决许多元老以及迫害基督徒，因此后世史书对他的评价普遍不佳。
2. 佩蒂纳克斯（Publius Helvius Pertinax，126—193）是五帝之年的第一位罗马皇帝。
3. 尤利安努斯（Marcus Didius Severus Julianus，137—193）是五帝之年的第二位罗马皇帝。
4. 塞普蒂米乌斯·塞维鲁（Septimius Severus，146—211）在 193—211 年出任罗马皇帝。他出生于罗马帝国阿非利加行省的大莱普提斯，在马可·奥勒留和康茂德治下任公职，于 193 年（五帝之年）在前任皇帝佩蒂纳克斯被杀后取得皇位。

之前的罗马皇帝都源自印欧地区的血统；从本章的主题即"同时性"着手，我们就能找出罗马与美国的相同之处，即自美国开国元首华盛顿就任 220 年后也出现了首位非裔总统贝拉克·奥巴马，二者间的联系确实奇妙无比。塞维鲁的时代一过，罗马旋即堕入了被称作"3 世纪危机"的军人皇帝时代。

"3 世纪危机"在严格意义上一般指的是自马克西米努斯·色雷克斯称帝[1]（235）至努梅里安被暗杀（284）这一时间段，而事实上从 211 年塞普蒂米乌斯·塞维鲁被暗杀的那刻起，罗马就已经进入军人皇帝时代了。

短短 50 年时间内拥立的皇帝数目之多，足以证明这个时代的混乱——首先，要成为罗马的正式皇帝必须先取得元老院的认可，而危机时代里获得了官方认可的居然有 26 人。每两年就换一个人的速度本身就快得令人咋舌，但别忘了，除这 26 人之外还有大量被军队独自拥立起来的领导人。这些未经认可的皇帝被呼为"僭主"，即"僭越称帝"之意。如果将这部分也算进去的话，那么这 50 年就总共涌现出了 70 名皇帝，不得不说实在是荒谬至极。

另外，就算是正儿八经根正苗红的皇帝，其中绝大多数也还是从军队拥立的"僭主"起家的。当其力量足够强大时，哪怕是

---

1. 马克西米努斯·色雷克斯，全名盖乌斯·尤利乌斯·威勒斯·马克西米努斯（Gaius Julius Verus Maximinus，173—238），俗称色雷斯的马克西米努斯（Maximinus Thrax），罗马帝国皇帝，于 235—238 年在位。

元老院也不得不被迫认可他们的地位。所以这个时代无论是政治领域还是社会领域，都呈现出混乱不堪、一盘散沙的状态，皇帝即位宛如小孩子过家家，民众的观念也逐渐转变成事不关己高高挂起：反正谁当皇帝都一样。群众参与政治的热情也随之日益消退。

但对社会心怀不安的民众很快就找到了新的精神寄托，那就是基督教。

30 年，耶稣被钉在了十字架上。而到五贤帝时代为止，罗马的基督教徒人数也依然不多，仅占总人口的不到 1%，但自 230 年左右开始，这个数值就陡然猛增了起来。由此可见，基督教之所以能在罗马得到广泛普及，与军人皇帝时代中社会的动荡不安有直接关联。

313 年，罗马皇帝君士坦丁一世[1]颁布《米兰敕令》[2]并承认基督教的地位。相比 100 年前只有 1% 的教徒比例，这个时候

---

1. 弗拉维乌斯·瓦莱里乌斯·奥勒留·君士坦丁（Flavius Valerius Aurelius Constantinus，274—337）常被称为君士坦丁一世（拉丁语：Constantinus I）、君士坦丁大帝。罗马帝国皇帝，306—337 年在位。他是第一位信仰基督教的罗马皇帝，在 313 与与李锡尼共同颁布《米兰敕令》，承认在帝国辖境有信仰基督教的自由。
2.《米兰敕令》（Edictum Mediolanense，又译作《米兰诏令》《米兰谕旨》）是罗马帝国皇帝君士坦丁一世和李锡尼在 313 年于意大利米兰颁发的一个宽容基督教的敕令。此诏书宣布罗马帝国境内有信仰基督教的自由，并且发还了已经没收的教会财产，亦承认了基督教的合法地位。米兰敕令是基督教历史上的转折点，标志着罗马帝国的统治者对基督教从镇压和宽容相结合的政策转为保护和利用的政策，基督教也从被戴克里先迫害的"地下宗教"成为被承认的宗教，开始了与帝国政府的政权合流。

的数值已经远超 10%了，进展迅猛。民众所信仰和依托的宗教数量愈多、信仰的情绪愈不情愿，也就意味着军人皇帝时代的社会混乱愈严重。

在罗马的闹剧依旧甚嚣尘上时，东方的汉王朝也迎来了一场危机。

8 年，原本计划接任第 15 任皇帝的皇太子被皇室外戚王莽篡夺了实权，刘邦建立的汉王朝国号一度改为"新"。新朝仅过一代，就被汉室后人光武帝重新夺回政权。汉王朝的历史由此分为两半：刘邦建国至新朝为西汉，而自光武帝执政起为东汉。光武帝虽为政有能，但自其孙汉肃宗[1] 18 岁即位开始，国内政治就陷入了僵局，各地都爆发了农民起义。184 年黄巾起义（以太平道教祖张角为首，鼓动各地信徒参加的一场农民起义）后，汉王朝的国力急速衰退。

因《三国志》而为日本人所熟知的三国时代，也正是在这个背景下开启的。

曹魏、刘蜀和孙吴三雄鼎立，他们背后的军师司马懿、诸葛孔明和周瑜，还有刘备属下的武将关羽和张飞，等等，都在历史上留下了浓墨重彩的一笔。这些令人津津乐道的三国轶事

1.汉章帝刘炟（57—88 年 4 月 9 日），汉明帝刘庄第五子，东汉第三位皇帝（75 年 9 月 5 日—88 年 4 月 9 日在位），其正式谥号为"孝章皇帝"，后世省略"孝"字称"汉章帝"，庙号肃宗。

都出自《三国演义》，它是在陈寿所著史书《三国志》的基础上，结合了各类冒险故事、传说以及一定的个人想象后诞生的巨著。笔者早年曾就此书请教过相关专家后得知，《三国演义》虽包含大量虚构和想象的成分，但整体的历史史实脉络基本都是正确的。如果有读者想了解汉王朝因何而覆灭却又不擅阅读晦涩的历史书的话，笔者相当推荐《三国演义》这本佳作。

"3 世纪危机"让罗马帝国深受其苦，幸好最后依然得以苟延残喘；而汉王朝时运不济，因危机而灰飞烟灭——从结果上看，这二者的结局并不相同。但同一时期在东西方诞生的世界帝国，居然也同时面临着国家存亡的危急时刻，这种历史所体现出的同时代性值得让人细细品味。

掌握素养需要思考"历史的同时代性"

"就算类似的事件同时发生，那又能说明什么问题呢？"每当笔者谈论历史的同时代性时，往往会有人提出这样的疑问。确实，从实证史学的立场来说，这种探讨似乎没有太大的意义；但若要真正掌握"世界史的视野"，学会以这种方式去思考问题是十分有价值的，因为天然的本性决定了人类只会关注与自身有关的内容，而面对异国及其过往事件时往往漠不关心。

举个例子，如今的日本人之所以高度关注中东地区的问题，绝不只是因为中东与石油进口有关。在巴黎发生的恐怖袭击事件，说不准哪一天又会在伦敦上演，耳熟能详的城市被恐怖袭击的阴影所笼罩着。诚然，认为同样的事件不久后就会出现在日本国内的人毕竟还是少数，但自己所熟知的地方确实真真切切地经历着不幸，个体对局势的关心程度自然也只增不减。

同样的事情放到以前来看就截然不同了。如果面对的是自己的国家，那无论是前朝、近代或是古代，熟悉感驱动下对历史产生兴趣的人多如牛毛；一旦切换到外国，却无论怎样都提不起兴趣来。我们应该明确一点：历史虽是遥远古代的故事，却并非与现代毫无关系。正如现代日本是古代日本的延伸那样，世界各国也都带着过去的荣耀与光辉走到了现在。在这个意义上，我们可以说罗马史就是如今欧洲、北非和中东地区各国所拥有的共同过往。所以学习罗马史，实际上也是在学习欧洲史、非洲史和中东史。

上映于 2000 年的美国电影《角斗士》以罗马帝国中期，即前文提到的罗马皇帝康茂德的时代为舞台。主人公是一位名为麦希穆斯的罗马将军，他因卷入与康茂德的矛盾事件中而被陷害，最终沦落为奴隶。以奴隶之身被卖给角斗士团的麦希穆斯为了复仇，便作为角斗士展开了斗争，一步步地达成了目的。

电影当中有这样一幕：麦希穆斯沦为奴隶后，将手臂上的文身字样"S•P•Q•R"给去掉了。对罗马历史不甚了解的日本观众，可能大多也看不懂其中所蕴含的意义。"S•P•Q•R"实际上是"Senatus Populusque Romanus"的缩写，即"罗马元老院及其子民"——对麦希穆斯而言，亲手抹除掉自己曾是罗马军队一员的痕迹，也意味着个体和罗马的彻底决裂。这一幕若让过去经历了罗马历史的欧美观众解读，即便没有解说，个中真意也依旧不言自明。

身处当今仍以欧美国家为中心的现代国际社会里，如果要切实地提高自身素养，就要求我们以更加积极的姿态去学习其他国家的历史；而且，若要通晓与我们距离颇远的他国历史，特别是近代以前甚至是古代的历史，第一步就应该先提升自己的细心程度。正如扎玛战役和垓下之战同属前 202 年一样，此种发现在史学研究中确实没有什么实际意义，但我们若以此作为比较历史类似事件的参照，亦将有助于对历史产生更为浓厚的兴趣。要坚信：无论何等悠久的历史，也一样能让人身临其境、感触尤深。

"字母系统、一神论、货币"的同时诞生

笔者有一种假说，即从字母系统、一神论和货币的诞生中能发掘出前 2 千纪时存在的同时代性。文字本身古已有之，但论及形式，早在前 3 千纪时就大量存在诸如楔形文字和圣书体一类的字母了。在早期文字的土壤中，也诞生出了被称作"原始西奈字母"[1]和"原始迦南字母"[2]的字母系统之原型。

---

1. 原始西奈字母是西奈半岛刻于岩石上的文字，其中最有名的石刻位于古矿场中供奉哈索尔的庙宇内。古时在矿场工作的战俘来自亚洲西南部，语言是西闪米特语支如迦南诸语。
2. 原始迦南字母是一个由 22 个截头表音字形组成的辅音字母系统，在青铜时代晚期（约前 15 世纪）的黎凡特文本内发现。字母表被公认在前 1050 年以前沿用，其后被腓尼基字母取代。以色列和黎巴嫩境内也发现约 10 个以原始迦南字母写成的铭刻。

其中，以楔形文字和圣书体为首的字母系统，其字母数起初由数百至数千，无论是哪一种都呈现出种类繁多的迹象。多种多样的字母在使用中被不断简化、某种程度上为更多人所熟知，已然是前 1000 年左右的事情；而目前世界上所通用的 20 余种字母系统，也正是在这个时候被整合起来的。

原始迦南字母被视作字母系统的源头，而其代表就是在古代地中海世界广泛使用的腓尼基文字[1]。换言之，代字母系统的老祖宗，出乎意料地是古埃及的文字，即圣书体。圣书体的不同分类同样让人眼花缭乱，普通人自然也没办法直接拿来使用，因此"字母的改良"势在必行——此时古埃及正把扩张的触角伸向了西奈半岛[2]。

在半岛的施工现场上开展作业的，是被奴役为工人的本地土著居民腓尼基人和巴勒斯坦人。对他们来说圣书体确实也太难了，完全不可能直接拿来使用。为了增强圣书体的可用性，

---

1. 腓尼基字母是腓尼基人用以书写腓尼基语（属北闪含语系）的一套字母，在前 1000 年出现，由原始迦南字母演化而来。现在的希伯来字母、阿拉伯字母、希腊字母、拉丁字母等，都可追溯至腓尼基字母。腓尼基字母与希伯来字母、阿拉伯字母一样，都是辅音音素文字（abjad），没有代表元音的字母或符号，字的读音须由上下文推断。
2. 西奈半岛（Sinai Peninsula）是一块位于亚洲西端、北接地中海南邻红海的三角形半岛。半岛之西为苏伊士运河，东北部是以色列和埃及的国界，数千年来始终具有重要的战略价值。

一系列改良及完善的措施被提上日程，最终在前 2 千纪后半期创造出了包含 22 个字母在内的腓尼基文字。然而，作为字母系统前身的腓尼基文字是不存在元音字母的，22 个字母全都是辅音，这对于毫无相关体验的日本人而言着实有些难以理解。举个例子，同样从腓尼基文字进化而来的现代阿拉伯文字，其中的 28 个阿拉伯字母也全都属于辅音。当然，阿拉伯语中元音必然不会缺席，但在书写时会被省略掉，也就是说平时讲话的时候会有元音，而表为文字时则被略去。也正因如此，许多人学习阿拉伯语时在发音和听力环节上花了不少时间和精力。

比如说"L"这个单独的辅音，原本应在元音的配合下组合成"LA、LI、LU、LE、LO"等发音。而阿拉伯语中不会将元音写出来，所以只看"L"这个字母根本无法判断该念"LA"还是"LU"。土生土长的阿拉伯人对此早就习以为常，所以就算不标记元音问题也不大；但日本人就比较头疼了，即便是熟知阿拉伯语的人也同样深受飘忽不定的发音困扰。

更要命的是，阿拉伯语也分为不同的方言，相同的文字需要搭配的元音也变化各异。笔者有位研究埃及史的专家朋友十分擅长阿拉伯语，但即便如此他也提到：阿拉伯语方言之间的差异导致许多句子和词汇表达不一，如果只靠听的话是搞不懂在说什么的。幸好，发音的不同并不影响书面表达的一致性，能写出来的话还是不难理解的。

让笔者深感字母诞生的同时代性之奇妙的，除了与当今字母系统关系密切的腓尼基文字（圣书体体系）及其衍生文字以外，还有几乎在同时期出现的"乌加里特字母"[1]。它以楔形文字为原型，并且最终简化为 20 余个字母，与腓尼基文字诞生的时间相差不过百年。和腓尼基文字最终得以开枝散叶的发展历程不同，后世并未流传有任何以"乌加里特字母"为原型的进化文字，其罪魁祸首是在地中海沿岸地区流窜的海上民族[2]。当年地中海沿岸城市乌加里特方兴未艾，创造出文字的时间也还不长。而前来侵扰的海上民族对乌加里特发出了致命一击后，整座城市与文字也由此一同消亡在海浪碧波当中。从中我们可以看出，人为地对复杂且多样的文字进行简化与完善，是在前 2 千纪中期兴起的"字母运动"的主流操作方式。

以多神论之身立教、最终又将千百位神灵合为一体的"一

---

1. 乌加里特字母（Ugaritic alphabet）是一种楔形文字字母，使用于乌加里特语，是在乌加里特发现的一种已灭绝的和迦南语支相关的语言。乌加里特字母表含有 31 个字母。
2. 海上民族（The Sea Peoples）是一个历史学名词。这些人被认为是一群海上劫掠者所组成的同盟，他们很可能来自南欧尤其是爱琴海。他们在整个东地中海游弋，并且在青铜时代末期，入侵了安纳托利亚、叙利亚、迦南、塞浦路斯和埃及。但这群人的具体身份对现代学者来说依然是一个谜团，只能通过一些考古学的证据和古文明的零碎记载来进行推测。

神论"，同样在这个时候姗姗来迟。在此之前，宗教的诞生都并非伴随着单一崇拜。美索不达米亚文明抑或古埃及文明中曾存在着大量的神明，其数量级远超十几二十位，根据分类方式的不同甚至会以成百上千计。但突然有一天，人群中出现了这样的思潮：只有这位才称得上是真正的神，而其余的神明都得全盘否定。有关这种思维产生的背景，笔者将会在第 5 章中着重聊一聊。值得一提的是，20 世纪著名心理学家西格蒙德·弗洛伊德对此也开展了相关的研究，他特别想弄明白，为什么历史上会突变出这种对人类而言极不自然的现象？

如果单从宗教的变化来看，这种现象的出现确实颇令人感到意外。但若将席卷了前 2 千纪后半期的"简化运动"带来的影响考虑在内，这不过是由庞大的神明体系所催生出的简单化倾向罢了。这样一来，思潮的兴起也就不难理解了：文字因其内容之海量，而被尽可能地分类与整理以求简化；神明领域同样出现了等级之分，而其中位于顶点的即唯上真神，剩余的神明皆被弃掷逦迤。

货币的出现则来得稍晚一些。前 1 千纪前期，当各地还在以物物交换或以铜块和银块的量为单位进行交易时，位于东地中海地区的希腊人已经在统一使用货币进行物品交换了。交易起源于以物易物，各种生鲜货品自不必说，即便像小麦这样易于储存的食品，过个一两年依旧会腐坏掉，因此并不适合作为财富进行长期囤积。于是，人们逐渐开始在交易中使用具有价值但永不变质的金属，其中大多以铜和银为主。金属因其不腐之身而颇为便利；但在进行交易时却不得不多做一步，那就是仔细地测量金属重量以求价值对等。为了节省这部分的精力，人们将金属以一定重量为基准重新冶炼并分类后，世界上最原始的货币就这样诞生了。或许也可以说，货币其实就是交换价值体系"简单化"后的产物。

因此无论是字母系统，抑或是一神论和货币，它们都在历史的洪流当中齐头并进，同时诞生在东地中海世界（严格地说，三者各自普及的时间之间隔约有数百年）并向四周不断普及。当然，从历史学角度上讲，这不过又是笔者的一次假设，但如这般同时期发生的"简单化"现象或许也是一种提醒和启发：当人类文明发展到一定程度并变得复杂时，是否就会自然地诱发出单一化、简单化的倾向呢？带着这样的观点去俯瞰历史，我们就会发现类似的"简单化"迹象在现代依旧存在，20 世纪时电脑的快速普及便是有力的例证。

电脑得以广泛普及绝非依靠单纯的技术进步，"简单化"倾向实则也是这一进程的有力推手。迈入近代化后，愈发复杂多样的信息情报在某种程度上已经达到了上限的阈值。为了突破瓶颈，记载和传递信息反而逐渐归为以"0"和"1"构成的二进制"简单化"处理方式，电脑的诞生或许也与此有关。

苏格拉底、琐罗亚斯德、奥义书、释迦牟尼、孔子的轴心时代

当时间来到前 1 千纪时，更多耐人寻味的同时代性在这里集中爆发——思想诞生了。包括希腊、中东、印度和中国在内的文明发达地区，同时涌现出了大量思想和哲学的萌芽。希腊地区历经荷马与爱奥尼亚自然哲学后诞生了以苏格拉底和柏拉图为代表的希腊哲学；耶利米等《圣经·旧约》中登场的预言家在中东地区辈出，而如今在伊朗一带依旧盛行的拜火教 [1]，其始祖琐罗亚斯德 [2] 也在此时出生；印度出现了奥义书 [3] 之哲学，稍晚佛教的创始者释迦牟尼（乔达摩·悉达多）呱呱坠地；中国以孔子和老子为首的诸子百家则风光一时无两，哲学思想家数不胜数。这些思想的出现时间固然无法完全契合，约有两三百年的间隔，但这

---

1. 琐罗亚斯德教是伊斯兰教诞生之前中东和西亚最具影响力的宗教，也是古代波斯帝国的国教。因信徒在火前祷告而又得名为拜火教（俗称），中文里称为"祆教""火祆教"或"白头教"。

2. 琐罗亚斯德（？—前 583）又名查拉图斯特拉（Ζωροάστρης），琐罗亚斯德教创始人，宣称阿胡拉·马兹达是创造一切的神，因此阿胡拉·马兹达后来成为琐罗亚斯德教的最高神。该教延续了 2500 年，至今仍有信徒。

3. 奥义书为古印度一类哲学文献的总称，是广义的吠陀文献之一。虽然奥义书由吠陀发展而来，因而经常被理解为婆罗门教与印度教的经典，但奥义书并不都是由婆罗门阶层写的，也不都完全反映婆罗门教的观点。实际上某些奥义书甚至敌视婆罗门祭司。

些至今仍在方方面面影响着人类的古老思想和哲学，是如何做到在短时间内百花齐放的？这仍是历史的未解之谜。

20世纪德国哲学家卡尔·雅斯贝尔斯基于这个时代的特点，将其称为"Achsenzeit"（轴心时代）。之所以称为"轴心"，指的是在这个时代中百花齐放的思想奠定了后世人类思维的基础之意。笔者认为这个时代的诞生，也与前2千纪时文字、一神论和货币的诞生息息相关。不难想象，文字的简化加速了文字在人群中的普及，民众当中自然地出现了能读书识字的知识阶级；货币的诞生促进了交易的繁荣，人们借此也有机会获知范围更广的情报；再者，一神论的确立伴随着神明阶级的存在，为平民百姓带来思想与价值观的巨大冲击。"一神独尊"意味着以往充满亲近感的千百神明不复存在，神的世界也日益脱离生活实际并产生了疏远感。为了寻找到能替代神的精神寄托，人们不得不努力地思考生存的意义。各种各样的情报在更为广阔的范围内相互比较、融合的结果，必然会孕育出崭新的观点与思考，而这些观点通过文字形式进行记载后，便又能够将其影响源源不断地输送到远方的人群乃至后世万代的思维观念当中。

现代历史学中对于文字、一神论和货币历史的研究大多各自分散，因而未能体会到上述关联的奥妙。但笔者相信这三者的其中任何一项，都在当时人们的心中留下了不可磨灭的痕迹，也正是这些从前2千纪后半期开始兴起的一系列"简单化"潮流，为"轴心时代"的来临吹响了号角。

超越马可·波罗并立下探索东西方功绩的究竟何许人也

能体现出"同时代性"之巧合的显然不仅限于古代，连中世纪与近代，也纷纷冒出了一批在同时期发生的类似事件，笔者也不妨挑其中一例以飨读者，那就是 13 世纪的"探索东西方"热潮。

众所周知，意大利人马可·波罗曾同其身为威尼斯商人的父亲一道，于 1274 年到访了中国元朝的都城，细节内容皆可见诸《马可·波罗游记》。但鲜有人知的是，仅仅两年后，拉班扫马[1]便奉元朝初代皇帝忽必烈之诏启程赴圣城耶路撒冷。扫马本身就是聂斯脱里派[2]基督教的忠实信徒，因此这趟行程除了奉命行事，对扫马而言也是一次信仰的巡回之旅。为了谒见自己所信仰的聂斯脱里派的法王（大主教[3]），扫马动身前往当

---

1. 拉班扫马（Rabban Sauma，1225—1294）是 13 世纪景教教士，著名旅行家，其足迹东起北京，西至巴黎。据叙利亚文献记载，扫马是畏兀儿人（今译维吾尔），而据中国史书记载，扫马是汪古人。他实际名为扫马，拉班是叙利亚文"教师"一词的音译。
2. 聂斯脱里主义（Nestorianism）是一种基督教神学的基督论，强调区分耶稣神圣位格的人性与神性，由担任君士坦丁牧首的聂斯脱里（386—450）提出。
3. 总主教也翻译为大主教，是基督教传统教会的一种高阶圣职人员。根据天主教及圣公会的制度，数个教区组成一个教省，其中会设一个总教区，总教区的正权主教则称为总主教，而教省总主教在省属教区中有某些权限，通常兼任省属教区主教组成的主教团团长。

时还在蒙古四大汗国之一的伊尔汗国[1]治下的巴格达[2]。在巴格达谒见了大主教后，扫马原打算继续一路向西前进，但因途中受到叙利亚地区伊斯兰势力（马穆鲁克苏丹国[3]）的阻挠，所以不得不暂时停留在巴格达。

停留当地期间，聂斯脱里派大主教去世，扫马也受邀参加葬礼仪式；与扫马同行的弟子马古斯[4]却突然被推举为下一任大主教。这位弟子绝非凡人，而是与蒙古帝国领导层血统一脉相承的贵族。数年后，伊尔汗国的君主位置由阿鲁浑[5]接任，事情也得以出现新的转机：对基督教徒百般优待的阿鲁浑为了遏制伊斯兰势力，计划与欧洲的基督教势力一同结成军事同盟，能

---

1. 伊尔汗国（1256—1335）又译伊利汗国或伊儿汗国，是蒙古四大汗国之一，由旭烈兀（成吉思汗之孙、拖雷第六子）、其子阿八哈及其后人统治。

2. 巴格达古称报达，伊拉克首都。同时它也是伊拉克巴格达省的首府，为伊拉克最大城市及经济文化中心。

3. 马穆鲁克苏丹国（1250—1517）是一个于13世纪中至16世纪初统治埃及、巴勒斯坦和叙利亚地区的国家，又称马穆鲁克王朝。马穆鲁克王朝的历史可分为前后二期：前期为伯海里王朝，是由钦察突厥佣兵主政。伯海里意为河洲，因为他们是在尼罗河上进行管理事务的。后期为布尔吉王朝，始于1382年，由高加索人，特别是切尔克斯人组成。

4. 即雅巴拉哈三世（Yaballaha III，1245—1317），东方亚述教会大公牧首，任期自1281年11月2日直至去世。

5. 阿鲁浑（1258—1291），蒙古人，阿八哈之子。在1284年推翻叔父贴古迭儿，继任伊尔汗国的第四任君主。1284—1291年在位。他在位时试图阻止其汗国走向伊斯兰化。

委以重任的人选自然就是身为聂斯脱里新主教之师的扫马了。拿到了阿鲁浑亲自颁发的拜访拜占庭皇帝与罗马教皇时所需的国书与敕令后，扫马携带着计划赠给君主们的当地特产，重新向欧洲诸国进发。

由陆路从巴格达一路到达黑海沿岸后，扫马乘船赴君士坦丁堡（今伊斯坦布尔）。在那里，扫马谒见拜占庭皇帝安德洛尼卡二世[1]并接受了热情的款待后，马不停蹄地继续前往罗马。一到罗马，时运不济的扫马才得知罗马教皇洪诺留四世[2]刚去世不久的消息，而且新一任教皇还没有定下来。罗马教廷[3]虽对扫马的来临表示欢迎并进行了周全的接待，但想必扫马个人的心愿还是无法达成了。

忙于赶路的扫马无暇停留，他继续西行并经热那亚[4]进入了

---

1. 安德洛尼卡二世（1259—1332）为巴列奥略王朝的拜占庭帝国皇帝（1282—1328 年在位）。
2. 教宗洪诺留四世（Honorius PP. IV, 1210—1287）本名贾科莫•萨韦利（Giacomo Savelli），1285 年 4 月 2 日当选罗马主教（教宗），同年 5 月 20 日即位，至 1287 年 4 月 3 日为止。
3. 罗马教廷（Curia Romana, 中文常直接称为教廷）是圣座的各种行政机构的统称。罗马教廷辅助教宗处理整个天主教会的事务，也与教宗一起构成了天主教会的中央领导机构。
4. 热那亚（Genova, 旧译柔鲁、热诺瓦）是意大利北部的港口城市，属于利古里亚大区，是该大区首府，并且是意大利第六大城市。

法国，谒见时任法兰西国王腓力四世[1]。当时欧洲的十字军东征刚准备落下帷幕，仍为依旧活跃的伊斯兰势力焦头烂额的腓力四世对扫马说："请您回去向阿鲁浑殿下报告时，传达敝国将派遣高官协助计划一事。"——这个回答正合扫马之意。

扫马在法国停留了大约一个月。在此期间，他也谒见了英格兰国王爱德华一世[2]，同样受到了热烈的欢迎，归途中他还再度拜访罗马，并得以与新任教皇尼古劳斯四世[3]面会欢谈。罗马方面表示虽不能应允结为军事同盟，却依旧为扫马提供了相应的丰厚礼遇。历尽千辛万苦的扫马最终完成了任务，于1288年回到了巴格达，并最终在巴格达度过了余生。

笔者认为，扫马最初虽是受元朝皇帝之命向西行进，但鉴于他的异族身份，想必其母语应该也不是汉语，即便如此却依然能驰骋四方，或许是通晓多国语言的人才。

---

1. 腓力四世（Philippe IV le Bel，1268—1314），卡佩王朝第11位国王（1285—1314年在位），纳瓦拉国王（1284年起，称腓力一世）。他是卡佩王朝后期一系列强大有力的君主之一，对外四处用兵，甚至胁持天主教会，并与教皇伯尼法西斯八世发生了激烈冲突。1309年腓力逼迫教皇克勉五世把教廷迁到法国的阿维尼翁，是为阿维尼翁教廷时期。

2. 爱德华一世（Edward I，1239—1307）是英格兰国王，俗称"长腿"（Longshanks）、"长腿爱德华"，又称"苏格兰人之锤"（Hammer of the Scots），因征服威尔士和几乎征服苏格兰而闻名。

3. 教宗尼古劳斯四世（Nicolaus PP. IV，1227—1292）本名吉罗拉莫·马希（Girolamo Masci），1288—1292年出任罗马主教。

据说，终究未能回到元朝故土的扫马，最后通过某种方式完成了向元朝的报告。以扫马历访欧洲各国为契机，蒙古帝国随后持续地向欧洲派遣访欧使节；欧洲各国向东方输出传教士的热潮亦风行一时。也正是从这个时候开始，"东西方的交流"才真正逾越了国境线并常态化。

日本在近代化的过程中深受欧洲思想的浸淫，因此在看待各种问题与现象时都习惯于将"欧洲中心论"奉为金科玉律；世界史的研究也大同小异，关注点都集中在西方地区，所以马可•波罗的经历与其功绩也常常被过度解读。但我们必须明白，遥远的东亚世界里同样有着像扫马这样的先驱者，而他们的故事应被万古流传。进展虽然比较缓慢，但像扫马这样不为人所知的东亚历史人物在近年来也逐渐被重新提起，并获得了新的评价。活跃在 15 世纪的郑和，便是此中一人。

郑和是中国明朝永乐帝时期的一名武将。他受皇帝之命，成功地开拓了从印度途经阿拉伯半岛并最终抵达非洲沿岸的航海线路。明朝正史《明史》中将这段经历称之为"下西洋"。一说起开拓印度和非洲航线，估计很多人想到的是葡萄牙探险家瓦斯科•达伽马 [1]，他从欧洲出发并经由非洲航行至印度。

---

1. 瓦斯科•达伽马（Vasco da Gama，1460—1524）是葡萄牙探险家，初代维迪格拉伯爵，是历史上第一位从欧洲航海到印度的人（1498）。该航路绕过地中海沿岸及危险的阿拉伯半岛，为日后葡萄牙对外殖民扩张铺平了道路。达伽马航路全程是当时最长的航程，长度比沿赤道绕地球一圈的距离还要长。

然而瓦斯科·达伽马是在 1497 年启程的，真正到达印度已经是 1498 年了；而郑和在 1409 年第四次航海时便初次抵达非洲大陆，并于 1415 年归国。由此看来，郑和的航线路径不仅与瓦斯科·达伽马的行程极其相似，而且从时间上算还早了 80 多年。

日本近年来不断推进东亚史的相关研究，并在努力发掘相同时代发生的类似事件之同时，不忘探索其中的突出人物和事迹。日本的东亚史研究在世界范围内实属顶尖水准，甚至在中国史研究的进度上可能也略胜一筹，在此影响下，研究严格意义的"真实历史"其实颇具难度。能够毫无阻碍地自由追求历史真相的日本人理应感到庆幸，并将更多的目光投向历史的同时代性上。借此，我们将能目睹更多此前未曾了解与接触过的历史真相。

"工业革命"为何滥觞于英国，而与亚洲无缘

在世界历史中表现出同时代性特点的，还有 18 世纪下半叶这个时间段——但这里笔者想要介绍的内容却与先前的章节略有不同，因为这个时间段发生的事情，并不具备同时发生且内容近似的属性，而指的是同类型事件的发生条件在全球各地都取得了惊人统一。这个引人注目的事件，就是"工业革命"（Industrial Revolution）。

众所周知，18 世纪起自英国的工业革命可谓近代世界经济的起源与出发点。但是，为何只有英国才开启了称得上是"工

业革命"的划时代性工业化进程？针对这个疑问的观点错综复杂，专家学者当中对此也没有清晰统一的定论。目前为止比较有力的共识是，欧洲是通过压榨亚非与南北美殖民地甚至是欧洲下层阶级的平民百姓来完成资本的原始积累的。当然也有不一样的声音表示，当欧洲以外的劳动人民尚苦于农业产量难以增长时，西欧地区的农业生产水平早已大幅提升，由是也推动了"工业革命"的出现。但是只要观察一下当时世界的综合环境水平就会发现，欧洲地区的土地质量与其他地区的并无太大不同。

当我们进一步将目光聚焦到"工业革命"发生的年代（即18世纪）时，不难得出结论：无论是西欧地区抑或是东亚地区的人口密集地带，在经济指标中起到重要作用的发展倾向、劳动力数量、技术革新、人口增长以及劳动分配等要素，二者也几乎一样不占。换言之，并没有任何证据能够表明当时的西欧地区在生产力水平上显著高于其他地区。

那为什么"工业革命"会诞生在英国，而与亚洲无缘？

美国历史学家彭慕兰[1]的著作《大分流：中国、欧洲与现代世界经济的形成》（名古屋大学出版会）为这个朴素而又艰巨的

---

1. 彭慕兰（Kenneth Pomeranz, 1958—），汉名又作彭慕然（其本人倾向后者），美国历史学家、汉学家，芝加哥大学历史系教授。"大分流"理论的创始人。

疑问提供了全新的视角，该书针对各个地域不同的生态环境进行了详尽探讨。英国得天独厚的条件使其备受幸运的恩宠，进而又催生出此后的"工业革命"，这也是近期大热的地缘政治学[1]话题之一。

古来便是人口高度聚集地区的伦敦，其近郊恰好也拥有着储量丰富的煤炭资源，能源丰富便是幸运恩宠的其中之一。实际上在工业革命兴起的前夜，世界能源之一的木材，其储量早已伴随着世界人口的增加而趋于告急状态。16世纪以来，无论是英国或是中国的长三角工业地带，燃料木材价格已逐渐涨到了原先的七倍有余。面临此窘境，幸运的英国找到了能够替代木材的优质能源——煤炭。新能源的发现大幅提高了英国的生产力，而人民的生活同样得到了改善，人口的稳定增长甚至引发了人口过剩问题。因而当时盛行的理论认为，拥有丰富的资源却过度开展生产会导致新问题的出现。

还好，英国幸甚：这不还有海外的殖民地嘛。在此之前，大家都只关心如何将剩余的商品倾销到殖民地去，却无视了殖民地的一个好处：通过移民等手段，它能够有效地分担本国的富余人口。换言之，工业区近郊丰富的煤炭资源储备以及由殖

---

1. 地缘政治学（Geopolitics）是探讨个人、组织或团体，因为空间分布等的地理因素，经营政治的手段及方法。目前用于军事、外交等战略分析方面较多，通常以地理因素为基础，分析其上的经济、社会、军事、外交、历史、政治等。

民地扩大带来的市场规模和富余人口的疏散，让英国创造了即便在人口急速增长的情况下依旧保持人均消费量逐步上升的奇迹，由此开启了工业革命时代。

工业革命常被人视作由蒸汽机的发明驱动生产力提升后的产物。但通过蒸汽热能驱动机械运作这种技术，在古代的地中海地区早已被广泛使用了，然而罗马帝国并没有孕育出工业上的近代化。从这个角度上进行思考，我们不妨认为相比起技术革新，生态环境的不同或许影响更为深远。以英国地区为中心，西欧在各个层面都独享着生态环境带来的优势；而条件不甚优越的亚洲地区即便拥有推动工业革命的决心和力量，也依旧后劲不足、力不从心，加之这种颓势一直持续到了 19 世纪的帝国主义时代，因此区域之间的差距同样也被逐渐拉大。

如果工业革命发生在罗马帝国与汉王朝的时代，二者间的差距也绝不会如此巨大，哪怕前后相距 50 年或 100 年，它们也依旧能一样地成长为称霸世界的帝国；但时间转到 18 世纪，50 年所带来的变化与差距可谓云泥之别。当站在比较史学[1]的观点立场上来看，这种差距到了 21 世纪的今天，依旧体现在亚洲的各个层面上。当今所谓的"全球化"潮流，很大程度上指的仍

---

1. 比较史学（Comparative History）或比较历史学，是对不同社会在给定的时间或拥有类似的文化环境的情况下进行比较。

是以英语文化圈（英美）为中心展开的全球化，不过是英国和美国等英语国家逐一发展壮大后所推进的一场运动而已，而它们在这场运动中又拥有着压倒性的绝对优势。彭慕兰之所以将"大分流"作为其著作标题，想必也是考虑到了生态环境对于工业革命诞生所具有的特殊意义吧。即便只是微小的差距，日后也会演变成横亘在西欧和东亚之间的命运分水岭。

第 4 章

为何人类开展大迁徙

——从日耳曼民族、罗马帝国、大航海时代到难民问题

人类史便是种族移民史

种族移民对日本而言颇为陌生，但在世界史中却是家常便饭。甚至可以说，种族移民的历史自古以来便与人类史的发展息息相关。在美索不达米亚平原上建立了最早文明的苏美尔人至今仍未能归类入民族系统中，是一个充满谜团的民族。早前有观点认为苏美尔人为闪米特人的一支，但研究证明事实并非如此。苏美尔虽曾留存有以楔形文字撰写的史料，但自前24世纪阿卡德王国的开国皇帝萨尔贡大帝[1]强势攻入当地以来，闪米特语成了主流语言。最初对相关遗迹开展研究发掘时，由于出土的古籍等资料大多以闪米特语书写，一度让人误以为阿卡德王国时代之前的苏美尔人在民族归属上也同为闪米特血统。

1.萨尔贡是阿卡德帝国的创建者，其在位时间为前2334—前2315年。萨尔贡也称为阿卡德的萨尔贡或萨尔贡大帝（Sargon of Akkad），阿卡德语的萨尔贡意为"正统的国王"或"合法的国王"。他是阿卡德人，因为在前23—前22世纪间征服苏美尔城邦而闻名。他先是成为基什王室的重要官员，随后杀死国王并篡夺王位，然后开始他征服美索不达米亚的历程。

但随着研究的不断深入，新的问题也浮出水面：许多明明是以楔形文字记录却完全无法解读的内容越来越多，让研究人员百思不得其解。实际上，这些无法翻译的内容正是用苏美尔语进行记载的。举个例子，假设日语是一种使用拉丁字母的语言的话会怎样？虽然字面上都以拉丁字母的形式来呈现，但其本质终归还是日语，因此任何企图依靠英语或者德语进行解读的尝试都是徒劳的。以楔形文字书写的苏美尔语的处境，同样如此。研究的最终结论也表明，苏美尔语是一种完全异于闪米特语的语言。

苏美尔语拥有着完整的助词体系，这被认为是苏美尔语与高加索地区语言、蒙古语、日语甚至是土耳其语之间有亲近关系的证据。因此从语言层面上也可以认为，苏美尔人与日本人有着极强的民族相似性。另外，据说苏美尔人也与日本人一样有着纯黑的发色。所以美索不达米亚的历史研究过程可简单概括为：以19世纪发现阿卡德王国（闪米特人）之后的历史为开端，而后随着研究的深入开始发现若干无法解读的文字资料，直到进入20世纪后才逐渐明了在阿卡德王国时代之前尚存在着苏美尔文明这一事实。

存在着既有民族也就意味着，从苏美尔逐渐过渡到阿卡德王国期间，必然发生过以侵略活动为契机而进行的种族移民和迁徙。纵观历史，同样的事情不仅也曾发生在巴比伦民族身上，甚至《圣经·旧约》中所记载的摩西[1]的《出埃及记》[2]，也被认为是种族移民的一种形式。

到了前20世纪时，所谓的印欧语系[3]开始登上历史舞台，其后裔即为如今的伊朗人——这也是为什么伊朗虽与其他周边国家一样同处中东地区甚至同样信仰伊斯兰教，但依然会产生对立冲突的原因，这些问题的产生与民族的深层根源密不可分。对立的内容并不仅仅是伊斯兰教当中什叶派与逊尼派之间的派别分歧[4]，而在于印欧语族与闪米特语族在民族上的根本差异。相比中东各国，伊朗实际上与欧洲地区的民族关系更为接近，也更容易形成相互理解。在古代史研究中，亚述帝国（闪米特语族）与波斯帝国（印欧语族）的思维方式可以说是完全不同的。

---

1. 摩西（天主教依拉丁文译为梅瑟，唐朝景教译为牟世法王，伊斯兰教称为穆撒）是在《圣经·旧约》的《出埃及记》等书中所记载的前13世纪时犹太人的民族领袖。

2. 《出埃及记》是《圣经·旧约》的第二书，主要讲述了以色列人如何在埃及受到迫害，然后由摩西带领他们离开埃及的故事。

3. 印欧语系（Indo-European languages）是世界上分布最广泛的语系之一。欧洲、美洲、南亚和大洋洲的大部分国家都采用印欧语系的语言作为母语或官方语言。印欧语系包括443种语言和方言，使用人数有20亿。

4. 什叶派原意为"阿里的追随者"，而逊尼派原意为"遵循圣训者"，二者并列为伊斯兰教的两大主要教派之一。什叶派与逊尼派各门派中的主要不同不在于教义问题，主要在于谁是穆罕默德的"真正接班人"。在历史上曾出现过"穆阿维耶什叶""奥斯曼什叶"和"阿里什叶"等。目前，什叶派认为穆罕默德的继任者是阿里·本·阿比·塔利卜（穆罕默德堂弟及女婿），逊尼派则认为穆罕默德的继任者是他的岳父阿布·伯克尔。

这种差异不但引发了霸权的争夺，也使得种族移民变得愈发频繁，并在前1000年前后迈入了移动迁徙的全盛期。

在全盛期时，这个地区没有任何一个国家能称为大国体量，皆为蕞尔小国。而后300年间，赫梯[1]人等渔民势力间的相互竞争与削弱，最终决出了支配整个东方地区的亚述帝国。同时，从种族移民的角度来看，腓尼基人与希腊人也在不断地从地中海地区出走到各地……小规模的种族移民循环往复，而到罗马帝国后期（即4世纪—5世纪）时出现了日耳曼民族的大规模移动事件。日耳曼民族的移动不仅是西罗马帝国灭亡的原因之一，大大小小的日耳曼国家也通过这场迁徙得以在西欧各地生根发芽，"古代世界"在此也告一段落了。

种族移民具有固定的模式

失去了国土的犹太人四处流浪；新大陆的发现伴随着人口的大量迁移；数不胜数的奴隶贸易与战争难民……与人类历史相伴相生的种族移民，至今仍以多种方式存在于我们的生活中。种族移民是在何种时代背景下诞生的？解决这个问题，关键要将"人口输入"与"人口输出"两个概念进行合理区分。

对于人口输出一方而言，其近现代历史的背景多为粮食不

---

1. 赫梯（Hittite）是一个位于安纳托利亚的亚洲古国。讲赫梯语的赫梯人和前20世纪迁来的讲印欧语系涅西特语的涅西特人共同创造了赫梯国家，它在前20世纪时兴起于小亚细亚这一古老的文明地区。

足。诱发粮食不足的因素不在少数，而当中占据主流的是人口快速增长与气候寒冷干燥化的推动。

如今全球性的气候变暖问题已然迫在眉睫，居高不下的气温被视作消极的影响因素；但恰恰相反，在近代以前，全球变冷问题却尤为严重，可谓旱的旱死、涝的涝死。近代以后的科技进步使得温室作物栽培和耐寒品种改良成为可能，发达的运输也能将温暖地区栽培的作物运送到寒冷地带。但对于在此之前无法实现这种技术的人们而言，饥渴难耐遂移居到温暖地带，只能说是一种迫不得已的选择。

干燥化问题同样值得关注。如笔者在第 1 章中所述，四大文明之所以都兴起于江流河畔，其背景为气候干燥所导致的水源短缺驱使人类往水源充沛的地域聚集，发祥于尼罗河畔的古埃及文明便是典型案例。如今埃及所在的非洲大陆北部被广阔的撒哈拉沙漠所覆盖，但在五六千年前，这里还是一片绿草如茵、水草丰美的绝佳地段。将绿色撒哈拉化作荒漠的气候干燥化，源自前 5000 年时以锋线变动为主导的剧烈气候变化，是它让该地区的降水从有变为无。大规模的气候变化之下，全球各地无一幸免地都面临着干燥化问题；而也正是干燥化问题，才让在此之前四处分散居住的人类聚集到江流河畔边上——城市被逐渐建立起来，对水资源管理调配的需要最终演变为四大文明的诞生。

各位读者可能已经发现了。正如上述内容所揭示的，人类统一集中在生活条件优越的场所，这在种族移民模式中被称作

"由气候变化所导致的种族移民"模式。这种模式下的种族移民，大多从人口较少的聚落开始。气候的干燥对水资源提出了要求；气候的寒冷鼓动着人类往温暖处去。移动到比现在所处的位置条件更为优越的地方，是这种移动模式的共性。当面临大规模的干旱与饥荒的侵扰时，所有已经定居的人类也共同进退，"民族大移动"的出现也就不足为奇了。

人口输出自然还有另外的表现形式。宗教信仰的压迫、奴隶贸易的兴盛所引发的人为强制移动，以及如今仍能在叙利亚等地见到的战争难民现象，都属于种族移民的范畴之内。这种情况下的移动并非来自人类对于所处环境的不满与厌恶，而是感受到生命的威胁后的自发撤离行为。毕竟，战争使得眼前的景象化作一片焦土，远走他乡也是没有办法的办法。

让我们换个角度来看，人口输入的形式同样不能一概而论。对于人口输入一方来说，国土是否充裕、对新增人口的承载上限究竟在哪里，自然是不得不考虑的问题；而政治维稳的尺度、对不同宗教的宽容程度高低，也因国情环境的不同而大相径庭。

移动的人口当中还有所谓的"游牧民族"群体，他们居无定所、四处游荡。同时，其中还有一部分人如同前 2 千纪末期的海上渔民那样，远离陆地并以船舶为工具进行移动，而且生活所需的必要物资全都通过袭击城市的方式来获得。所以许多种族移民的现象，无意之中也成了纷争甚至是战乱的导火索。

但对于人口劳动力不足的地方来说，吸纳新移民可谓好处多多。过去的美洲大陆因开疆拓土或挖掘金矿而产生了对劳动力的巨大需求，对新人口的欢迎程度自然也可想而知。美洲大陆因而聚集了大量的人口并完成了对经济基础的建立，最终从英国独立出来，成为一个全新的国家。

美国宣布从英国独立的 1776 年，一部至今仍被广泛阅读的著作在英国出版了。这本书，就是爱德华·吉本的《罗马帝国衰亡史》，它在当时的英国掀起了一阵阅读热潮。坦诚地讲，书中格调优雅的遣词造句实在不愧名著之称；而段落章节用语之精妙，以至于笔者常对学生们说："若要学习英语的话，那就向吉本看齐吧。"

该著作之所以轰动一时，自然不只在于其优秀的文笔。实际上，当时的英国弥漫着国力衰退的氛围，惊惧万分的英国人对于该书的青睐也就在情理之中了。昔日殖民地的美国居然能厚积薄发，一跃成为独立自主之国，这不得不让人猜想英国的国家力量是否已被削弱得大不如前？英国人自己其实远不至如此，毕竟此后的英国在维多利亚王朝¹的荣光下同样迎来了短暂的繁荣期，

---

1. 英国的维多利亚时代（Victorian era）前接乔治王时代，后启爱德华时代，维多利亚时代后期是英国工业革命和大英帝国的巅峰，与爱德华时代一同被认为是大英帝国的黄金时代。它的时限常被定义为 1837—1901 年，即维多利亚女皇（Alexandrina Victoria）的统治时期。此长时期的和平、繁荣得以更加细化英国的理性发展，并巩固了大英帝国的国家自信。部分学者认为，《1832年改革法案》的 1832 年才是该时期理性与政治发展的真正开端。

但到了美国独立战争时期，许多英国人开始疑虑自己的国家是否真的迈入暮年了。因此《罗马帝国衰亡史》能够掀起热潮，与英国民众想要学习了解罗马帝国之兴衰的心情不无关联。

然而，美国的成长与壮大，对英国来说其实也有幸运积极的一面，表现为许多原本来自苏格兰以及爱尔兰的贫困民众为了谋求生计而统一涌向了新兴国家美国。这让许多可能会在英国发生的混乱得以被分散，并为美国所吸收。此后的美国也正如我们所熟知的那样不断地接纳来自世界各地的移民，并一直持续到了今天。从结果上看，美国确实因移民的力量而变得强大；但也不可避免地产生了许多难以消除的症结，其中包括人种歧视、贫富差距问题等等。近年来，许多本应掌握其母语——英语的人却一句英语都不会讲，这个问题也备受关注。笔者认为，相比起英国人因忧虑大英帝国的命运前途而去了解罗马帝国的兴亡，反倒是美国人更应该好好地上这节课。

话又说回来，罗马和美国之间还是有着根本性差异的。罗马通过一步步地扩大领土来奠定大国根基；而美国的帝国化使其根本无需自己动手，便能坐享广阔的领土。遥想当初，开拓新土地需要大量的人力，移民的迁徙在那时对于美国或是人口过剩的周边国家而言都是一桩大好事。但是无论美国的国土再如何辽阔，如今也早已被开发殆尽，后续的移民也只会成为新的心头大患。美国该怎样做才能继续保持自己的大国地位？现在正是向罗马取经的好时候。

充满"近代感"的古代地中海世界

15 世纪中叶到 17 世纪中叶，西欧各国通过海上航行在亚洲、非洲、美洲等地区建立了大量的殖民地，这个时代因而也被称作"大航海时代"。"大航海时代"一词虽常见于日本的各种历史教科书中，本质却是在上世纪 60 年代时由媒体所创造的新词，英语文化圈中将其称作"Age of Discovery"（地理大发现时代），学术界亦有"大贸易时代"的说法。"大贸易时代"，顾名思义，这个时代所进行的航海活动，都是以开展交易为目的的。一说起"贸易"，常给人以在陆地上进行结算的印象。但实际上，海洋运输不仅能够承载大量的物资，而且本身运输速度也不低，所以利用船舶为运输工具开展的交易不仅限于这个时代，古来便相当盛行。

"罗马治世"后期即五贤帝时代，罗马帝国正处于物质极大丰富而社会又较为稳定的阶段。这与 18 世纪后期诞生了工业革命的英国何其相像！甚至有英国的历史研究者认为，罗马奴隶的生活可能要比英国的底层阶级人民更为富裕。"奴隶比人民生活更好"的观点多少有些夸大的成分，但其观点也佐证了那个时期的罗马社会确实是安定且富裕的，支撑起这富裕表象的则是以地中海为中心的海洋地带（安全之海）。

笔者常常把"古代地中海世界的近代性"挂在嘴边。所谓"安全之海"，一言以蔽之，就是那时的人们已经能做到安全、合理地利用大海开展活动了。与许多不甚了解罗马历史的人所认为的不同，人类对海洋的利用绝非近代以来的首创，在此之前早已推广到整个地中海地区了。毫不夸张地讲，罗马帝国灭亡后的漫长岁月中，直到近代才勉勉强强地追平了当年罗马海洋活动的极盛规模。换句话说，自希腊化时代[1]起到罗马帝国时代为止，虽然范围仅局限于地中海地区，但这时已经存在安全稳定且畅通无阻的海域了。

当时的地中海在罗马帝国的统治之下安静祥和、少有海贼，并且由于地中海属于内海，所以与大西洋或太平洋相比，这里更显得风平浪静。指南针在那时尚未被发明，但岛屿众多的地中海地区随处都能够靠岸，消除了不必要的后顾之忧。即便航行于陆地较少的区域同样不用担心，了解星座知识的人们也能通过夜观星象来四处航行。所以就算没有岛屿标志的指引，人们也同样不会迷失方向，安全无虞。通过对现有海洋条件的充分利用，罗马帝国得以安全地以廉价且迅捷的方式运送大量的

---

1. 希腊化时代（Hellenistic period）在亚历山大征服波斯帝国之后不久开始。通常以亚历山大大帝于前323年逝世为起始点，止于罗马共和国在前146年征服希腊本土，或前30年最后的继业者王国——托勒密王国灭亡。这段时期，19世纪后西方史学界认为，古希腊文明主宰整个地中海东部沿岸的文明，所以称此地这段时期为希腊化时代。希腊化时代被认为是希腊古典时代和罗马文化间的过渡时期，与希腊古典时代相比，被认为文化上呈现下降或衰退的趋势。

物资；罗马人的生活水平亦得以大幅提升，直到18世纪以前人类都未能重现当时优渥的生存条件。

另外，罗马时代已经对蒸汽机的原理有所了解，并开展过小规模的运用，可以说差一点就触及工业革命的边界了。聚集了众多科学家的亚历山大港（埃及）的神殿中设有令人咋舌的"自动门"，它是利用篝火燃烧产生的热量将水煮沸后依靠蒸汽进行驱动的一套完整的系统。诚然，当时的民众并不了解蒸汽机的运作原理，只能荒谬地将其归结为自然的神秘力量；但可以肯定的是，至少当时的科学家群体已经对相关原理有着较为清楚的认识了。

话说到这里，就得回到最开始的问题上：为何罗马人没有像工业革命那样，将这种科学力量运用到其他领域中去呢？笔者认为，其症结在于奴隶与奴隶制度的根深蒂固。既然有奴隶承担着一切劳苦工作，又何必急于进行技术更新？至于那些需要大量劳动力的工作，就没有必要费心费神地去构建新的系统了，反正全部交给奴隶们来做就万事大吉。正是这种心态，使得原本拥有知识与技术的罗马帝国终究未能兴起属于自己的一场工业革命。

大航海时代下的大规模移民

10世纪后，曾一度因罗马帝国衰落而迷失的海洋贸易卷土重来。来自意大利威尼斯和热那亚地区的商人、印度洋地区的穆斯林商人以及南中国海地区的中国商人，都在各自的海域中大展身手，航线也被不断扩大。其中尤其是在地中海地区，十字军东征与马可·波罗的《马可·波罗游记》给此处带去了深远的影响。此时又正逢奥斯曼帝国[1]势力的重重压迫，原本用以运送丝绸或香料等东方特产的陆上交通线也遭到封锁，无法得到充分利用，这也是商人们将目光转向海洋的重要原因之一。另外，随着"地球是圆的"这一论点因费南多·德·麦哲伦[2]的环球航行而得证，"大航海（大贸易）时代"开始逐渐步入正轨，因为人们懂得即便不苦心孤诣地一路向东，只要是向西行进同样能够抵达东洋。随后，以意大利为中心的海洋航行与其相关知识一并传入了伊比利亚半岛[3]——新航路的发现将世界各地联系为一个整体，而各类珍奇的货品也为商人们带来了丰厚的收益，狂热的大航海潮流就此开启。

---

1. 奥斯曼帝国（Ottoman Empire，1299—1922）是奥斯曼土耳其人建立的一个军事帝国，国名来自创立者奥斯曼一世，并以伊斯兰教为国教。
2. 费南多·德·麦哲伦（Fernão de Magalhães，1480—1521），葡萄牙探险家，为西班牙政府效力探险。1519—1521 年率领船队首次环航地球，死于与菲律宾当地部族的冲突中。虽然他没有亲自完整经历环球，但他船上余下的水手却在他死后继续向西航行并最终回到欧洲。
3. 伊比利亚半岛位于欧洲西南角，东面和南面临地中海，西边是大西洋，北临比斯开湾，在东北部由比利牛斯山脉与欧洲大陆连接。主要包括当今西班牙、葡萄牙、安道尔、法国的小部分地区以及直布罗陀。其总面积为 58.2 万平方千米。

在这场热潮中，行程的去向主要分为南部航线与西行的东部航线两大类。其中南部航线以伊比利亚半岛为起点，沿着非洲大陆西海岸一路南下。探险家瓦斯科·达伽马正是经由这条航线绕过好望角后抵达位于印度西海岸的科泽科德[1]后，实现了香料的直接贸易并满载而归。东部航线虽也以到达印度为目标，却未曾料到前方所面临的是新的地理大发现：美洲大陆由此褪下了神秘的面纱并登上历史舞台。

新大陆的原住民人数本就寥寥无几，而他们身后则是未曾有人踏足过的广阔土地，这也为后续的大量移民行为提供了条件。从原住民的角度来说，这些不速之客的到访显然难以受到欢迎；但在输出人口的西欧各国看来，自身存在的人口过剩、资源调配等难题若能通过移民得到一次性解决的话，岂不美哉？

奴隶制度催生人为的种族移民

美国增长的人口中，并不全是想要闯出新天地的欧洲移民，还有很大一部分是本无移民意愿却被强行掳至新大陆的群体，那就是以劳动力的身份被奴役的黑人奴隶。最初进行这项罪恶

---

1. 科泽科德（Calicut）在中国古籍中称为古里，是印度南部喀拉拉邦第三大城市，为昔日的马拉巴尔地区的一部分。这座城市因其为中国明代的郑和与葡萄牙的瓦斯科·达伽马两位东西方航海家共同的登陆地点及去世地点而著名。

活动的是在非洲拥有大量殖民地的英国人，手握制海权的他们为了开拓美洲大陆上的新殖民地，便以手头之便从非洲掳掠并运走了许多黑人，作为劳动力不足的补充。所以在 1790 年人数尚不足 70 万的美洲黑人奴隶，到了 1860 年便瞬间增到了六倍，达到了将近 400 万人的数值。

然而到了 19 世纪中叶，英国国内的人权思潮兴起，呼吁废止奴隶制度的声音愈发强烈。与之对抗纠缠的反对势力认为，英国为了一己私利而为所欲为地忽视其他民族的人权，拥有这种想法的英国人理应感到羞耻万分。另外，虽然与奴隶制没有直接联系，当年英国在决定是否要对中国的清王朝打响鸦片战争时，最后是以赞成 271 票、反对 262 票的微弱差距通过了审议并正式开战的。反对派对此力陈："因为垂涎对方能从中获益，就大肆地单方面倾销鸦片；而下一次自认为利益遭受侵犯的话，就又能以别的理由去攻击他国了。这是英国人的耻辱！"

针对奴隶制度的讨论，比起上述鸦片战争的种种只会有增无减，这一股反对潮流随后也传到了美洲大陆并日渐深入人心。在各种针锋相对的博弈之下，最终结出了胜利的果实：南北战争中，代表美利坚合众国势力的北方军取得了完胜。美利坚合众国第 16 任总统亚伯拉罕·林肯在战情正酣的关头，发表了解放南部黑人奴隶的一场宣言。这份《解放黑人奴隶宣言》在内容上虽与后续正式的合众国宪法有所出入，但它的诞生明确了解放奴隶的大方向，并推动了随后一系列奴隶解放运动的加速出现。然而如今的难民问题又何尝不是如此呢？难民的种族移民当中，并非出于本人意愿的情况比比皆是。

世界史中向来满载着种族移民的记忆。换句话说，像日本这样基本不受种族移民影响的国家，在世界史的范畴内都算是极为罕见的异类。

镇压胡格诺派与荷兰的兴起——从宗教镇压看种族移民

并非出自本人意愿的种族移民除了来自上文提到的奴隶以外，源于宗教势力迫害的种族移民同样不可忽视。类似的例子实在数不胜数，在这里笔者姑且提其中一例，那就是发生在1572年的圣巴多罗买大屠杀[1]，这场大屠杀最终引发了大批的移民狂潮。

该事件发生于8月24日即圣巴多罗买纪念日，本质上是针对天主教国家法国内部的胡格诺派（法语中对基督新教[2]加尔文

---

1. 圣巴多罗买大屠杀又称圣巴多罗买之夜，发生于1572年法国宗教战争期间，由宫廷内部针对新教结盟宗（又称雨格诺派、胡格诺派，法国加尔文归正主义新教徒）领导人物的刺杀行动引发，之后发生天主教徒针对结盟宗的暴动。传统上认为此事件是由查理九世的母后凯瑟琳·德·美第奇所煽动。这场大屠杀也标志着法国宗教战争的转折点。
2. 新教，又称基督新教，是西方基督教中不属于天主教体系的宗派之统称，源于16世纪神学家马丁·路德、加尔文、慈运理等人所领导的宗教改革运动，与天主教、东正教并列为基督宗教三大分支。一些既不属于天主教，亦与欧洲宗教改革没有历史渊源的教会，例如无宗派教会，也被视为新教。

主义 [1] 的称谓）的镇压活动。当天，身为加尔文派信徒的波旁王朝纳瓦拉王亨利 [2] 与时任国王查理九世 [3] 之妹喜结连理，为了庆祝这一喜事，巴黎当地聚集了一大批胡格诺派的忠实信徒。这场婚礼原本由国王的母亲凯瑟琳·德·美第奇 [4] 一手策划，希望借此契机改善天主教与新教之间长期以来的僵硬关系；但胡格诺派的中心

1. 加尔文主义（Calvinisme）亦称为归正主义，是 16 世纪法国与瑞士基督新教宗教改革家约翰·加尔文毕生之主张，以及支持加尔文的其他神学家意见的统称。在不同的讨论中具有不同的意义，由加尔文等人论述发展而来的主要基督教宗派有归正宗、长老宗与公理宗等。因加尔文等人认为教义应当回归《圣经》，应该恢复被天主教会所遗弃的奥古斯丁"神恩独作"（独作说），反对天主教神学主流的"神人合作说"，因此加尔文派之神学传统常被称为"归正神学"或"改革宗神学"。

2. 亨利四世（Henri IV, 1553—1610）本名亨利·德·波旁，纳瓦拉国王（称恩里克三世·德·纳瓦尔，1572—1610 年在位），继而成为法国国王（1589—1610 年在位），也是法国波旁王朝的创建者。亨利四世原为新教加尔文宗胡格诺派（结盟宗）信徒，为了继承法国王位，改信天主教。1610 年在巴黎被刺身亡，人民普遍同情哀悼这位从废墟中重建法国的国王，誉之为"贤明王亨利"（Bon roi Henri，或译"贤君亨利""好王亨利"），并追称为"亨利大帝"。

3. 查理九世（Charles IX, 1550—1574），法兰西瓦卢瓦王朝第 12 位国王（1560—1574 年在位）。1560 年兄长弗朗索瓦二世英年早逝后，当时是奥尔良公爵的查理九世于 1561 年在兰斯加冕为法国国王。他完全受自己野心勃勃的母亲凯瑟琳·德·美第奇控制。

4. 凯瑟琳·德·美第奇（Catherine de Médicis, 1519—1589）是意大利女贵族，1547—1559 年期间的法国王后，洛伦佐二世·德·美第奇和马德莱娜·德·拉图尔·德·奥弗涅的女儿以及法国国王亨利二世的妻子。1560—1563 年期间，她以儿子法国国王查理九世的名义统治着法国。

人物加斯帕尔·德·科利尼提督[1]在宴会上惨遭天主教强硬派暗杀，事态也由此急转直下。国王担忧胡格诺信徒的报复行动会波及无辜群众，便下令刺杀所有的胡格诺贵族。这时的局势已经难以收拾，以宫廷内的胡格诺贵族为对象的杀戮逐渐扩散到市内甚至是郊外地区，各处皆是死于乱刀下的胡格诺信徒。有关最终伤亡人数的记录，因为天主教一方与胡格诺一方各自的记载出入较大，所以至今仍无法得知准确的数值，但可以确定至少有5000人、最多有3万人在这场大屠杀中命丧黄泉。不幸中的万幸是，惨案之后又过了17年，当年的纳瓦拉王亨利坐上了皇帝的宝座。

但不可否认的是，天主教与胡格诺派之间有着无法逾越的鸿沟，否认亨利四世皇帝地位的天主教教徒们又展开了新一波的攻势。1593年，身为新教徒的亨利四世深知无法被天主教徒占大多数的法国人所认可，毅然决然地放弃了新教并皈依了天主教。局势趋于稳定的1598年，亨利发布了《南特敕令》[2]并

---

1. 加斯帕尔·德·科利尼（Gaspard de Coligny，1519—1572），法国军人和政治家。他是法国宗教战争时期新教结盟宗（又称雨格诺派、胡格诺派）最重要的代表人物之一。
2.《南特敕令》又称为《南特诏令》《南特诏书》《南特诏谕》，是法国国王亨利四世在1598年4月13日签署颁布的一条敕令。这条敕令承认了法国国内结盟宗（又称胡格诺派）的信仰自由，并在法律上享有和公民同等的权利。而这条敕令也是世界近代史上第一份有关宗教宽容的敕令。不过，亨利四世之孙路易十四却在1685年颁布《枫丹白露敕令》，宣布基督新教为非法，《南特敕令》亦因此而被废除。

正式承认了新教的地位。换言之，亨利四世是通过改变自己的信仰来取得民众对自己的认可后，再以颁布敕令的方式变相承认了新教的信仰自由。

《南特敕令》是欧洲历史上第一份承认个人信仰自由的革命性文件。但事不遂人愿，苦心孤诣的亨利四世后来被狂热的天主教信徒所暗杀。而为了复原以往传统的天主教国家政体，天主教势力将《南特敕令》化作了一张废纸——随着1685年敕令的失效，暗无天日的宗教镇压再度活跃起来。为了躲避无妄的宗教迫害，法国国内大多数新教教徒不得不移民至荷兰，而这也是日后荷兰得以兴盛发达的源头。总结起来，法国发生的宗教镇压使得先前在工商业中发挥了重要作用的民众集体出逃，而接纳了他们的荷兰也顺势成长为以工商业为经济支柱的国家。

"日耳曼民族的大移动"让欧洲世界焕然一新

笔者认为人类历史上最有名的种族移民，莫过于"日耳曼民族的大移动"。从4世纪持续到5世纪，日耳曼民族的大规模向西迁徙改变了日后欧洲世界的样貌。那么问题来了，日耳曼民族为何要西行？个中隐情众说纷纭，但气候变化绝对是最为重要的一个原因。如今的我们享受着经过耐寒性品种改良的粮食作物，可能无法体会当中的差距。但如果全球的平均气温较现在下降二度的话，即便是目前全世界为数不多的小麦生产地之一的加拿大，也将面临颗粒无收的窘境。气温的低下，正是有着这般深远的影响力，更何况近现代时期的社会中一旦发生气候变化，所要承受的作物损耗是远超想象的。

小规模的移民群体多数以家庭为单位。从历史上看，自1世纪—2世纪开始，日耳曼民族就以家庭小集团的规模星星点点地移居到了罗马帝国境内，而这要比后续的大规模移动早得多。然而，罗马起初并未对这些移民施行诸多限制，导致后期出现了比较大的问题。初到罗马的移民们说不了几句拉丁文，只能做一些简单的工作来勉强维持生计，在这其中也有部分人选择入伍参军。相比拉丁族系的罗马人，日耳曼人的体格本就更为壮硕，鹤立鸡群的日耳曼人士兵就更受青睐了。

从4世纪开始逐渐恶化的气候寒冷问题为其一，甚至位于日耳曼民族地区东面的骑马民族"匈人"[1]同时也在向西移动为其二，二者构成夹击逼迫之势，日耳曼民族举家西行迁徙至西罗马帝国领土的现象也日益常态化。可能有人会说，既然这场气候变冷是全球性的问题，那即便向西迁徙不也暖

1.匈奴又名匈人，是古代生活在欧亚大陆的一个游牧民族。他们在4世纪西迁到了东欧，并入侵东、西罗马帝国。欧洲的古文献对此民族及其在欧洲的事迹有若干叙述。5世纪末时，匈人国家逐渐瓦解并从历史中消失。匈人自东向西的进攻引发了欧洲民族大迁徙，最终导致西罗马帝国灭亡，对欧洲的历史产生了深远影响。

和不到哪里去吗？此言差矣。由于欧洲地区中的西欧地带受到墨西哥湾流[1]的影响，所以气温能够一直维持在相对舒适宜人的程度。目睹着日耳曼民族大量涌入本地的罗马民众也颇感事态严峻，再也不能坐视不管了。

同样的事情放到今天来看，欧洲的难民问题其实如出一辙：若只是少数规模的移民，那尚能勉强接受；而一旦超出了可承载量的上限，摩擦与纠纷也将一触即发，陷入混乱的境地。所以想要感知和体会当时罗马所面临的情况实际上并不困难，我们只要将目前欧洲的难民问题及其引发的后遗症规模放大若干倍，差不多就是当时罗马的实际情形。以往发生在民众之间的相当琐碎的小矛盾，人数升级后演变为暴动则成为必然；而暴动一出现，罗马自然不得不花费精力去平定镇压，罗马的国力也就是在这种反反复复的暴动与镇压之下逐渐被消耗殆尽的。

值得一提的是，随着日耳曼民族的人口流动，截然不同的民族价值观不仅影响着普通罗马市民的生活，军营队伍中也充斥着

---

1. 墨西哥湾暖流也叫湾流，是世界上最强大、影响最深远的一支暖流。由北赤道暖流及圭亚那暖流汇聚于加勒比海和墨西哥湾后，经佛罗里达海峡流出，称佛罗里达暖流。它与东南来的安的列斯暖流汇合后称墨西哥湾暖流，沿北美大陆架北上，在美国东海岸的哈特勒斯角附近偏向东北方向流，在北纬45°的纽芬兰浅滩外缘，因受盛行西风影响而折向东流，并在西经40°附近改称北大西洋暖流。

以往未曾有过的别样思潮。如此一来，日耳曼民族招致拉丁族系
人民的不满可谓情理之中；加之这时基督教正在广泛地被传布，
问题就变得愈加复杂了。对于信仰多神教的人来说，罗马帝国的
土地上甚至是军队之中，不断增加的秉持着"一神论"的基督教
徒都是令人难以接受的——如果再叠加以异民族的身份，则憎恶
感更添一分。罗马人的这种情绪若投射到当今的欧洲，似乎并不
难想象。哪怕是目前对接受难民态度最为积极的德国，其难民人
数若达到同等级别，必然也会激发国内的民族主义[1]情绪，甚
至在极端分子中出现新纳粹主义[2]抬头的征兆，形成讨伐难民的主
流诉求——这种情形的演变，想必也在罗马的历史中真实重现过。

　　因此，当我们思考罗马帝国灭亡的前因后果时，应该将上
述的表现囊括在考据之内。日耳曼民族的大移动虽非其决定性
因素，但亦必然是终极推手之一。

-----

1. 民族主义（Nationalism）亦称国民主义、国家主义、国族主义、国粹主义，
通常是对本民族文化、传统、利益的认同，其旨在追求民族的生存、发展、兴
盛。民族主义者往往认为民族拥有自我治理的主权，而不应受他人干涉，即民
族拥有所谓"民族自决权"，而这一观念则起源于人民主权论。民族主义中的
"民族"，既可能是基于语言、族裔、部落或种族的团体，也可能是一国、一
地之公民集体，还可能是某一宗教的信徒。
2. 新纳粹主义是第二次世界大战后兴起的一种政治思潮。新纳粹主义者希望延
续纳粹主义的精神，以保持种族纯粹为课题，强调自己种族或民族的优越。
20 世纪 90 年代，新纳粹主义势力的活动日益猖獗，再次引起世人瞩目。种族
主义、极端民族主义等极右思想是新纳粹主义的衣钵。

游牧民族的行为无法用常人思维去理解

上文提到，匈人民族的移动迁徙是促使日耳曼民族进行大移动的原因之一。众所周知，匈人是亚洲的一支骑马游牧民族，他们穿过俄罗斯的草原地带一路向西，渡过伏尔加河[1]并征服了日耳曼民族之一的东哥特部落[2]。邻近的西哥特部落[3]眼看大势已去，便匆忙地越过多瑙河[4]遁入罗马帝国之内，日耳曼民族的大移动也由此开始。罗马军队面对着逼近国境的西哥特部落曾一度想要阻止其入内，却因武力不足而被攻破防线，西哥特部落也以迅雷不及掩耳之势入侵整个意大利半岛。5 世纪时，他们更是势不可挡地抵达了伊比利亚半岛，并在那里建立了西哥特王国[5]，最终就此定居。

---

1. 伏尔加河又译窝瓦河，位于俄罗斯的西南部，全长 3692 千米，是欧洲最长的河流，也是世界最长的内流河，注入里海。
2. 东哥特人（Ostrogoths）也译作东哥德人，是哥特人（哥德人）的一个分支，亦为日耳曼民族。
3. 西哥特人属于哥特人，是东日耳曼人的一支。哥特人从 2 世纪起就定居在欧洲东部乌克兰一带，其中居住在德涅斯特河西的就被称作西哥特人。
4. 多瑙河（Danube）是欧洲第二长河，在欧洲河流中长度仅次于伏尔加河。多瑙河流经 10 个国家，是世界上干流流经国家最多的河流。
5. 西哥特王国（Visigothic Kingdom，418—714），古国名，是 5 世纪—8 世纪初西哥特人在西罗马帝国境内高卢西南部和西班牙建立的日耳曼国家。410 年，日耳曼的西哥特人在领袖阿拉里克率领下，进入意大利，围攻罗马城，并在城内奴隶的配合下打开城门掠夺而去。此后在西罗马帝国境内的伊比利亚半岛建立了王国。

能让勇猛的西哥特部落如此惊惧万分的匈人民族，究竟是什么样的存在？对于这个在 4 世纪后期才突然出现的民族，同时代的罗马历史学家阿米阿努斯·马尔切利努斯在《历史》中作了如下描述：

"他们穿着粗糙不堪的鞋子，完全不适合步兵作战。虽然观感不佳，但他们战斗的姿态犹如钉在了壮硕的马上。只需稍稍侧身，便可轻松简单地进行小便。不分昼夜地，他们在马背上商谈、交易，开展日常的饮食起居。到了夜晚，他们俯身倚靠在马的颈脖之上沉入甜美的梦乡。

"战斗当中，他们喊杀声纷起地对敌人发起猛烈进攻。当进攻受阻后便四散流离，复以相同的攻势卷土重来，将一切沿途出现的事物摧毁殆尽。然而，他们并不懂得如何通过在要塞上搭梯进攻的战术，亦不会变通地去偷袭战壕周边的营地。另外，他们拥有着无与伦比的射箭技术——骨质的箭头尖锐而牢固，其危险程度比起铁质箭头仍不落下风，而他们又能从令人惊讶的远距离进行射击。"

对于半农业半畜牧业社会生产架构的日耳曼民族来说，游牧民族的攻击是极大的威胁；况且匈人还有将敌人的皮肤血淋淋地剥下并当作战利品带回去的风习，西哥特人因恐惧而出逃也就不难理解了。匈人的活动不仅迫使日耳曼民族向西迁徙，他们甚至深入罗马帝国内部，如今的东欧地区依然流淌着匈人后裔的一部分血统。

有关匈人民族的身世之谜，先前诸多学说认为匈人与古代中国北方的"匈奴"有关联，但最近占据上风的研究结论提出，二者之间其实有着很大的差异。再加之，最近"不应将民族与集团群体视为同一事物"的全新观点也引发了热烈讨论。骑马民族的生活以集团为单位进行移动，所以具备很强的流动性。因此其群体领导者的诞生并非如常理般尽归世袭，很大程度上也取决于个人魅力的高低。不拘泥于血统纯正与否的领导者选出方式伴以集团行动的特性成为常例，首领的交替甚至同样也会引发集团的溃散。

建立了蒙古帝国的蒙古民族实际上也同出一辙。13 世纪初，孛儿只斤•铁木真[1]开始统一蒙古各部族。考虑到骑马游牧民族本身的特性，必然是极其富有人格魅力的人方能将松散的部落聚集起来。蒙古帝国随后还建立起包括整个华夏版

---

1. 孛儿只斤•铁木真（1162—1227），蒙古族乞颜部人。大蒙古国可汗，世界史上杰出的政治家、军事家。绍兴三十二年（1162）生于漠北斡难河上游地区（今蒙古国肯特省），取名铁木真。淳熙十一年（1184）前后成为蒙古乞颜部可汗，一步步统一蒙古诸部。开禧二年（1206）建立大蒙古国，尊号"成吉思汗"（Genghis Khan），颁布了《成吉思汗法典》。曾多次发动对外战争，征服西达中亚、东欧的黑海海滨地区。

图的元王朝，进一步扩大了在西方的势力范围。冈田英弘[1]与杉山正明[2]都认为"正是蒙古帝国创造了整个近代世界"，这个说法虽多少有些夸大的成分，但毋庸置疑的是蒙古帝国的存在确实奠定了全球化的基础。

蒙古虽然创造了有相当体量的"帝国"，但与罗马那样的"帝国"不同，蒙古在本质上也还是骑马游牧民族的集团组合"兀鲁思"[3]而已。"兀鲁思"在日语中译作"国家"，但作为骑马游牧民族的专属词，我们同样理应料想到它的基本概念与一般的"国家"还是有区别的。极端地说，往常的"兀鲁思"在其领导人即可汗进行权力更迭时常常会出现集团离散的状况。道理其实很简单，民众本来都是追随着自己所仰慕的可汗而行动的，当其可汗居高位时则已；一旦不受认可的人选上位，自然也难以获得民心。这些在蒙古人看来理所当然的事情，对身为定居民族的日本人而言是完全无法理解的。因此，位于中国北部的匈奴民族因受压迫而向西移动虽为事实，但其领导人的

---

1. 冈田英弘（1931—2017）是日本著名历史学家。其一生研究满蒙历史，尤为注重分析与思考游牧民族建立政权的历史。其著作包括《世界史的诞生》《历史是什么》《从蒙古到大清》等。

2. 杉山正明（1952—）生于日本静冈县沼津市，历史学者，专长于蒙古史、中亚游牧民族史。现为京都大学文学教授。

3. 兀鲁思指蒙古各汗王的封地。这一蒙古语词义为"人众"，也可译作"人民—封地"，到后来，兀鲁思又有"人民—国家"的意义了。成吉思汗对草原兀鲁思的分封，奠定了大蒙古国分封制度的基础。

子孙后代并非都有机会引领全民族，发生在部族中的聚散离合也就可想而知了。换句话说，同一集团内的民族在种类上呈现出多样化，匈奴民族在那个时代可能尚属蒙古族系的中流砥柱，但西行时代来临，新的老大就变为土耳其民族了。当然，这期间也有与波斯等民族之间进行混血的现象出现。

这样看来，"匈人就是中国北部的名为'匈奴'的骑马民族"这一说法既有正确的一面，也略有偏差纰漏。毕竟在现实中，对各个民族之间进行明确划分本身就是相当困难的事情，针对匈奴和匈人是否同为一个事物的探讨自然也没有什么意义——近来这种观念同样受到了一部分人的认可。骑马游牧民族与受土地束缚的农耕民族之间存在天然的文化差异，因此以自己的固有"常识"去理解他们是绝对不可取的。

如今的欧美人对异民族成为多数派而感到恐慌

种族移民自身最大的意义，在于许多拥有着"不同文化"的人会来到当地并融入其中。罗马帝国在日耳曼民族涌入本国后展开了若干斗争，虽然常说罗马被日耳曼打得一败涂地云云，但罗马在历史上也没少被其他民族打败过，所以这本身并不构成什么问题；而回顾历史，民族融合产生混血等现象，实际上也有利于罗马帝国扩大自身的版图，问题同样可以忽略不计。最关键的地方也就呼之欲出了：突然大量涌入的异民族，会改变当地向来固有的价值观。

如果只是润物细无声地融入，罗马尚可接纳并吸收这些来自其他民族的文化与价值观；一旦发生像日耳曼民族那样的大规模流动，罗马即便想要大事化小也无能为力了，固有的价值观和基本行动规范都会受到影响且变得面目全非，而这正是种族移民的可怕之处。人口输入国在面对泛滥的移民问题时所表现出的惊恐情绪，想必也与之类似吧。造成当今欧洲难民问题局面的人群主体多为伊斯兰教徒，他们的祖国因受战火侵扰而满目疮痍，为了安全他们也迫切地需要栖身之所。但如果难民数量再这样无休止地增长下去的话，当地社会必然会遭受极大的冲击。

举个例子。16 世纪时，如今的荷兰在当时还尚属西班牙哈布斯堡王朝[1]治下的领土，宗教上原属于天主教派；然而新教加尔文派教徒的涌入改变了这一切，甚至后来在总占比上完成了逆袭，新教超过了天主教并成为当地的多数派。荷兰与强制信仰天主教的西班牙之间顿生间隙，最终打响了荷兰的独立战争[2]。换言之，这样的局势变化是完全不受当权者控制的，当流入人口

---

1. 哈布斯堡王朝（Habsburg）也称哈普斯堡家族（Hapsburg），是欧洲历史上最为显赫、统治地域最广的王室之一。
2. 八十年战争（Tachtigjarige Oorlog）又称为荷兰起义（Nederlandse Opstand），是一场哈布斯堡尼德兰（或西属尼德兰）与西班牙帝国于 1568—1648 年期间爆发的战争，其中于 1609—1621 年之间曾存在 12 年的和平时期（称为"十二年休战"）。八十年战争过后尼德兰七省联邦共和国独立，成为"荷兰共和国"，因此八十年战争也被认为是荷兰独立战争。

占据了本地绝大多数时，国家形态也会随之改变。西欧各国正是因为经历过如此惨痛的教训，所以对于当今伊斯兰教难民不断进入欧洲的情形，其恐惧之情也一定比我们所想象的更为深刻。据说以现在的流动规模来看，最快只需20年，伊斯兰教就会成为欧洲当地的多数派，更遑论百年之后。最近德国国内的民族主义思潮抬头，他们竭力地敲响警钟：要是再这样下去，德国人将不复存在！而随着事态的不断变化，民族主义中也暗藏着出现像希特勒[1]那样的极端分子的危险性。

即便如此，尊重难民的人权并接纳他们融入当地，依然是现在处理难民问题的主流做法。但若欧洲的伊斯兰教徒数量继续保持这样的增速并持续扩大，欧洲将会变成什么模样呢？美国共和党的唐纳德·特朗普[2]曾扬言要建立起一堵边界墙来阻止中美洲的非法移民进入，这为他博得了一定的人气，但从侧面也反映出美国国内对于南美拉丁族系人员的流入所表现出的

---

1. 阿道夫·希特勒（Adolf Hitler, 1889—1945），德国政治人物，前纳粹党领袖，1933—1945年担任德国总理，1934—1945年亦任元首。其于1939年9月发动波兰战役，导致第二次世界大战在欧洲爆发，并为纳粹大屠杀的主要策划者、发动者之一。
2. 唐纳德·约翰·特朗普（Donald John Trump, 1946— ）是美国政治人物及企业家，为第45任美国总统。他从政前曾是商人和电视名人。特朗普于2019年12月18日被众议院以滥权和藐视国会的名义提起弹劾，是历史上第三位被提起弹劾的美国总统。

恐惧心态。另外，2016 年 6 月英国举行全民投票并最终决定脱离欧盟，其背景同样与"不能再无休止地接受更多的移民和难民"的民间情绪有关。

身为日本人，我们从未体会过种族移民所带来的影响；而异民族成为社会主体、自己的文化却日渐式微的场景，在当今的欧洲人心中留下了不可磨灭的印象。

国家因种族移民带来的价值观对立而动摇

民族大移动之下，语言、宗教与生活习惯同样也交错共生。日耳曼民族大移动时期也正是基督教开始广泛被接受的时期，许多日耳曼人也随潮流而动皈依了基督教——当然是经过日耳曼文化改造的"日耳曼式基督教"了。回顾类似的事件时，不难想象出种族移动带来的语言、文化和宗教究竟会引发什么了。随着伊斯兰教逐渐渗透欧洲的各个角落，今后在其中会不会诞生出新的伊斯兰国家呢？这谁也说不准。接纳了大量难民的国家如今都滋生出了语言、文化与生活习惯等各类纷争，学校等教育机构也正在尝试对价值观中出现差异的部分进行修正，但最终效果如何仍是未知数。所以，强行归顺某一价值观的行为近乎不可能，全新的价值观与世界秩序都是在价值观的激烈碰撞中诞生的。

但在这个过程中，几乎是必然的，会出现顽固保守自身传统的民族主义者，而这样的事情早就出现在共和政体罗马帝国的历史当中了。当时罗马国内有两拨人：一方是积极吸收希腊先进文化的革新派，而另一方则是坚决捍卫传统的保守派，他们不愿接触一切与希腊相关的事物。在第二次布匿战争中击溃宿敌汉尼拔的大西庇阿被称作"披着希腊外衣的接受主义派"；而怂恿国内那些鼓吹"迦太基歼灭论"的人参加第三次布匿战争的马可·波尔基乌斯·加图[1]，则是不折不扣的民族主义者。加图家族与西庇阿家族的对立，实际上也是当时传统民族主义派和对外来价值观展现宽容的派别之间的矛盾之缩影。

　　罗马依旧建立起了全新的价值观体系，与其少量多次地吸纳希腊价值观以及充分的时间余地有关。罗马人向来给人以打压基督教的印象，实际上一开始罗马对于不同的信仰都是持宽容态度的。即便是被罗马所征服的土地，"你们大可以继续保持自己的信仰"的做法也受到广泛认可，面对基督教自然也一视同仁。天性宽容的罗马之所以后来对基督教进行打压，很大程度上源自基督教徒所秉持的偏激观点，那就是"基督教以外的神明皆是虚空，绝对不可信任"，这就是后话了，笔者在以往的许多著作中都对此进行了相关论述。

---

1. 马可·波尔基乌斯·加图（Marcus Porcius Cato，前234—前149）通称为老加图（Cato Maior）或监察官加图（Cato Censorius），以与其曾孙小加图区别，罗马共和国时期的政治家、国务活动家、演说家，前195年的执政官。他也是罗马历史上第一个重要的拉丁语散文作家。

在此，笔者希望各位读者能够理解的是，为何信仰虔诚的罗马会对拥有不同信仰的各治下人民展现出无尽的宽容。因为罗马人天生不喜于对他人的信仰指手画脚。既然我们拒绝对他人的信仰进行评价，那么我们也希望别人不要插手我们的信仰。即便如此，基督教徒仍不满足于仅仅拥护自己的信仰，他们甚至认为"唯我基督教之神为独尊，信仰其他神明的人全都要下地狱"。对罗马人来说，像这样以自我为中心的教徒是万万不能容忍的，因而才展开了对基督教的打压。

为何说乌克兰问题属于难解顽疾

不同民族之间的激烈冲突基本无法以和平的方式收场，大多伴随着斗争与纠缠，而其中最为残酷的一种斗争方式，就是将其他民族从社会上完全抹杀掉的"民族净化"（Ethenic cleaning）行动。这种灭绝人性的"民族净化"，曾在人类历史中无数次上演。迫害犹太人、针对黑人的歧视、克罗地亚地区对塞尔维亚人的清剿……无一不是伴随着大量杀戮和强制移民的人间悲剧，而此等悲剧的反复，不过是某些人对保持自己民族纯粹性的变态追求而已。

20世纪末，资本主义与社会主义之间的对立土崩瓦解，冲突的焦点转向文明与文明之间的纠葛。其中最为引人瞩目的是伊斯兰教与基督教之间的对抗。实际上，真正处于对抗中心的绝非宗教本身，而是极少数来自两个宗教内的所谓的过激分子，即"原教旨主义[1]者"。"基地"组织[2]与伊斯兰国[3]便是其代表，他们公然表现出了与全世界为敌的姿态。

但助长这些恐怖分子的嚣张气焰的其实并不止他们自己，欧美也要负起很大的责任来。诚然，欧美地区并不缺乏对其他民族与宗教持宽容态度的人，而就是其中的一部分过激的原教旨主义者在不断地煽动民众，向其灌输对伊斯兰教全面否定的观念。当

---

1. 原教旨主义或基本教义派，也称"原理主义""基要主义"或"基要派"，是指某些宗教群体试图回归其原初的信仰的运动，或指严格遵守基本原理的立场。他们认为这些宗教内部在近代出现的自由主义神学使其信仰世俗化、偏离了其信仰的本质，因而做出回应；一般提倡对其宗教的基本经文或文献做字面的、传统的解释，并且相信从这些阐释中获得的教义应该被运用于社会、经济和政治生活的各个方面。犹太教、基督教、伊斯兰教、印度教等宗教都存在"原教旨主义"。依文本的不同，原教旨主义也可能不是中立性的特征，而是有贬义的词句，类似在政治观点上的"左翼"或是"右翼"有时可能有负面含义的情形。

2. "基地"组织是一个伊斯兰教军事组织，为本·拉登于1988年成立，被指策划了多宗主要针对美国的恐怖袭击，其被联合国安全理事会列为世界恐怖组织之一。

3. 伊斯兰国（The Islamic State）前称伊拉克和沙姆伊斯兰国（Islamic State of Iraq and al-Sham）或伊拉克和黎凡特伊斯兰国（Islamic State of Iraq and the Levant），是一个活跃在伊拉克和叙利亚的萨拉菲"圣战"主义组织以及未被世界广泛认可的政治实体，奉行极端保守的伊斯兰原教旨主义瓦哈比派，属逊尼宗的一脉。组织领袖巴格达迪自封为哈里发，定国号为"伊斯兰国"，宣称自身对于其所谓的整个穆斯林世界（包括非洲东部、中部、北部，黑海东部、南部、西部，中亚和西亚，欧洲伊比利亚半岛和巴尔干半岛，印度半岛几乎全境）拥有统治地位。周边阿拉伯国家以阿拉伯文缩写称其为"达伊沙"，与阿拉伯语的"踩踏"谐音，以示对其"伊斯兰国"名称的不承认及蔑视。

我们将视角拉高到世界层面就会发现，在民族主义情绪愈演愈烈的同时，有些国家都或多或少地出现了帝国主义的倾向，这两个极端不得不让人深感忧虑。日本人若要准确地把握日趋复杂的世界动向，更有必要对世界史进行深入学习。例如，乌克兰与俄罗斯之间的矛盾绝非一时起意，二者之间的对立能上溯到千年的历史恩怨中。然而，了解这段历史的日本人却少之又少。可以说，日本人太需要补上世界史这一课了。

乌克兰问题之所以复杂，自有其国情所在，即便同在一屋檐下，也同样存在着巨大的差异。

生活在乌克兰西部的多是纯粹的乌克兰人种，而东部却在人种、语言及文化上更接近于俄罗斯一方。在西部的乌克兰人看来，俄罗斯就是一个后来者；身为后来者却趾高气昂目中无人，换作是谁都无法接受。乌克兰人就是在这样的憋屈情绪中度过了千载光阴，无论发生什么事情，只要有一点火苗子，到最后都容易演变成针对俄罗斯的"民族净化运动"。

克里米亚问题[1]的起源，也与乌克兰及俄罗斯之间的争执和战斗不无关系。对于俄罗斯来说，克里米亚是绝不能轻易放弃的

---

1. 克里米亚危机指的是 2014 年 3 月，国际承认属于乌克兰领土的克里米亚，被并入了俄罗斯联邦。自 2014 年 3 月 18 日吞并之后，俄罗斯事实上接管了该领土，建立了克里米亚联邦管区，下设两个联邦主体——克里米亚共和国和塞瓦斯托波尔。

重要战略地带，克里米亚的塞瓦斯托波尔[1]军港向来是兵家必争之地。该军港面朝黑海，是俄罗斯通往地中海的一个极为重要的枢纽，在地缘政治中亦属要地。一旦失守，俄罗斯通往地中海的道路也将被截断，无法再同欧洲争夺地中海地区的霸权，个中利害由是可见一斑，因此俄罗斯当然会不惜采用一切手段去捍卫自己的利益。上述的民族问题不仅属于历史问题，更与宗教学或地缘政治学等领域的内容息息相关。若缺乏对这些知识的一定了解，必然也无法精确地把握问题的本质。

　　解决这些问题虽绝非易事，但掌握世界史的知识，必将有助于我们理性地去看待这一切。

---

1. 塞瓦斯托波尔（Sevastopol）是位于克里米亚半岛西南岸的港湾都市，面对黑海，是半岛上的重要港口城市。昔日曾是黑海舰队的基地，也是克里米亚战争时英俄两国必争之地。现为俄罗斯海军拥有。

第 5 章

脱离宗教则无从讨论历史

——一神教为何诞生

日本人无法参透的宗教力量

　　日本人常被说信仰淡薄——而事实上，确实也没多少日本人会认为自己是个忠实的信徒。但在欧美，信仰淡薄常常与品德低下挂钩，因此需要特别注意。欧美人认为，正是有着宗教的约束，所以人的道德才不至于沦丧，而作为道德的基本规范之一，有亵神灵圣明之事是万万不可尝试的。所以，明治维新后日本人来到欧美各地时，当地人常常会对日本人礼仪端正的姿态深感钦佩，更会在了解到日本人基本没有宗教信仰的意识后表达不可思议之情。

　　"为何日本人明明没有信仰，却能够依据道德来行事？"面对这个问题，即便是日本人自己也不知该如何回答。而这个问题，也正是新渡户稻造撰写《武士道》一书的原因。新渡户也曾被许多欧美人问过同样的问题，而他也正为寻找其答案而绞尽脑汁。如果不是宗教，那究竟约束着我们的是什么东西呢？他认真思考后，将自己的想法和结论都写进了《武士道》里。所以《武士道》最开始并不是写给日本人看的，而是面向欧美读者的读物，该书于 1900 年在美国以英语版 *Bushido : The Soul of Japan* 之名刊行出版。

172

书中的内容也并非常人所想象的切腹之流，而是通过日本的气候风土以及武士的生活为例，具体地阐述了日本人是如何培育基本道德的。得益于这本书在世界范围内一时风靡，外界也更增进了一分对日本人的理解。但纵然如此，就普遍观念来看，世界如今依然将信仰的高低程度作为道德的参考标准。日本人从这个意义上讲，也可谓一枝奇葩了。

除了"道德"以外，宗教也能为人们带来"凝聚力"。一般来说，"语言"是最能产生团队凝聚力的事物。语言是否通达、同一语言的情况下方言等细微的口音是否一致等等，其凝聚的团结力多寡是截然不同的。然而即便语言不通，基督教徒之间依然能通过某种事物达到心灵相通。所以，若要对语言以及宗教各自的凝聚力做个对比的话，想必宗教是更胜一筹的。

日本人的凝聚力来源显然与世界所认为的基准不同，并非依靠宗教而更多来自语言。虽然日本也存在名为"日本教"的宗教教徒，但笔者认为对于这些信仰度较弱的教徒来说，即便宗教的凝聚力十分巨大，语言依然是难以攻破的最后一道防线。因此即便日本人身在其中而不自知，但这个世界上宗教确实比语言拥有更为强大的力量。

古人循神明之声而动

在人类社会中，宗教总是逃不开的一个话题。印象中，宗教的行动多为依靠神明获得救赎，而历史上的宗教内容并非这么简单。美国普林斯顿大学心理学教授朱利安·杰恩斯[1]在其著作《神的沉默：意识的诞生与文明的兴衰》（*The Origin of Consciousness in the Breakdown of the Bicameral Mind*，又作《二分心智的崩塌：人类意识的起源》）中提到，荷马的《伊利亚特》[2]与《奥德赛》[3]中的记述足以证明3000年前的人类都是遵循"神"的指令来行事的，朱利安·杰恩斯将这个阶段称为"二分心智理论"[4]时代；又因人类的意识深深地植根于语言之中，所以他也认为人类在尚未使用文字的阶段，根本不拥有任何的"意识"。根据他的说法，人类是在3000年前才真正开始拥有明确意识的。而在那

---

1. 朱利安·杰恩斯（Julian Jaynes，1920年2月27日—1997年11月21日）是一名美国心理学家，著有《神的沉默：意识的诞生与文明的兴衰》一书，并提出二分心智理论。

2.《伊利亚特》（*Iliad*）又译《伊利昂纪》（取自书名"伊利昂城下的故事"之意），是古希腊诗人荷马的强弱弱格六音步史诗。故事背景设为特洛伊战争，希腊城邦之间的冲突导致军队围困了特洛伊城（伊利昂）10年之久，国王阿伽门农与英雄阿喀琉斯之间也产生了争执。

3.《奥德赛》（*Odyssey*）又译《奥狄赛》《奥德修记》或《奥德赛漂流记》，是古希腊最重要的两部史诗之一。《奥德赛》延续了《伊利亚特》的故事情节，是西方文学的奠基之作。一般认为，《奥德赛》创作于前8世纪末的爱奥尼亚，即今希腊安纳托利亚的沿海地区。《奥德赛》主要讲述了希腊英雄奥德修斯在特洛伊陷落后返乡的故事。

4. 二分心智理论又称两院制（Bicameralism，被划分为"两个议院"的情况），指的是心理学中的一种假设。该假设认为，人的心灵曾经以一种认知功能被分割的状态运作，一部分划分在似乎用于"说话"的脑区，另一部分则划分在用于"聆听"和"服从"的脑区，这也就是"两院制心灵"。

之前，意识淡薄的人类又是凭借什么去开展正常的社会生活呢？"二分心智"在这里就派上用场了。

"二分心智理论"，简单来说就是人的心中除了有"自己"的影像之外，还存在着一个"神"。也就是说，这个神并非实际存在的事物，人自然也无法听从神的指示；但他们是将自己内心根源的声音和想法全部归结于"神"的指引，从而追随这个指引生活下去。对于拥有明确意识的现代人来说，这个观点未免有些荒唐难懂，但对于像笔者这样常年研究古代历史的人而言却是足以接受的。如当今许多人所认为的一样，"神"的概念或许真的只是人类臆想出来的事物而已——人类社会在产生真正的"文明"之前早已拥有宗教上的习惯，这在诸多考古研究中都能够得到证明。但是除了人类以外，却没有任何动物群体中出现过神明或宗教之类的现象，这说明了什么？那就是"神"的概念完全是在人类脑部得到充分发育后，被人为地创造出来的事物。那对于人类来讲，"神"究竟又是何方神圣？

笔者认为，那应是人类自己的一种"理想"。

人类似乎天生就背负着追求理想的宿命，无论追求的方式是否与最终目标达成一致，付诸行动本身就离自己的理想更近了一步。换言之，宗教展示的是人类为了追求"神"的理想而实施的手段。可见，宗教绝非诞生自迷信观念，而是发源于脑部发达的人类的、如同命中注定一般的事物。对这个观点深表认同的笔者甚至觉得朱利安·杰恩斯的"二分心智理论"宛如直接取材于古典文献，真实而有力。

人类社会中神明的踪迹如影随形；古代的人们也以此为灵感，在许多艺术作品中将"神"描绘得灵动出彩。对他们来说，千百神明并不是虚构的神话或是无谓的空想，而是在生活中能够切身体会到的事物。如今的"神"多指基督教或伊斯兰教等一神教派中的"唯一神明"（the one and only God），但在古代，"多神"才是主流。在神明性格各异的多神教世界中，究竟能否追求到属于自己的真正理想？抱有这种疑惑的读者想必不在少数。

诚然，"唯一神明"的信仰与信仰多神教世界中的某一位神明的行为之间，确实存在着较大的差距。但我们不妨这么想：即便在多神教的环境中，个体与其中某位神明之间所建立的联系，本质上不还是"一神教"的思路吗？因此，笔者认为"神即理想"的判断还是十分站得住脚的。

另外，古代的神明与自然风土之间也有着相当密切的关联。

占卜为神明发声

古代的人们时常能在身边的自然环境中发现"神"的影迹。神明并不是缥缈的空中楼阁，而是切切实实地存在于人们身边的事物。面对那些在当时无法解释的自然现象与生活难题时，束手无策的人们只能心生敬畏，并奉之为神明圣上：火山喷发、电闪雷鸣、台风等带来了巨大灾难的现象自不必说，参天大树、巍巍巨石，以及为人们带来甜美生活的水源，在人们眼中，都是神明在现实中的存在方式。

山崎麻里与 Mickey Bird[1] 二人的作品《罗马浴场》现在正于《新潮45》杂志中连载，故事中登场的盖乌斯·普林尼·塞孔杜斯[2] 正是一名历史上真实存在的罗马博物学家，他对自然万物都充满着浓厚的兴趣，并有《博物志》（*Naturalis Historia*）一书流传后世。书中有言道："空气或水分渗入大地的缝隙之中并不断剧烈摇动，是地震的起因之一。"这些学说在如今看来虽荒谬至极，但却的确是普林尼在深思熟虑后得出的结论。话虽如此，这也毕竟是当时以普林尼为首的一批知识学者所做出的努力。他们不愿将未解的现象全部归结于超自然的力量，而深信其中必然存在某种原理。相比之下，当时的普罗大众多数依然将火山与地震视为怪力乱神之事，普林尼之流的尝试可以说是相当难得了。

1.Mickey Bird（原名鸟越干雄，1958— ）是一名日本男性漫画家，出生于日本熊本县人吉市，其笔名源自真实名称中"干"与"鸟"字的发音组合。属于日本 SF 作家俱乐部。

2. 盖乌斯·普林尼·塞孔杜斯（Gaius Plinius Secundus，23—79），常称为老普林尼或大普林尼，古罗马作家、博物学者、军人、政治家，以《自然史》（一译《博物志》）一书留名后世。

比罗马时代更为久远的古埃及盛行动物信仰，遗迹中多见动物木乃伊的出土。古埃及的各部族都信仰着各自的神明们，而当时最为人们所敬仰的是鹰与朱鹮等飞鸟信仰，它们亦常常作为木乃伊出现在古埃及社会中。不难想象，鸟类能在空中自由翱翔的姿态，极大催生了人类对超自然力量的遐想。而罗马虽然不存在对自然界鸟类的崇拜，但受到古代信仰文化的影响，同样发展出了各式各样的占卜方法。以鸟类的飞行姿态为判断标准的"鸟占卜"大行其道；甚至有以山羊或绵羊的肝脏外形与颜色进行占卜的"肝脏占卜"等。历史考古中，甚至出土过被认为是用作占卜教学的肝脏模型，"肝脏占卜"之风靡可见一斑。

在这里，笔者想问各位读者一个问题："占卜"现象为何诞生？

虽然只是猜测，但笔者认为，"占卜"是"以往听得到的'神明之声'逐渐听不到了"所催生的现象。

"神谕"是占卜中最为古老的一种表现形式，向神明发问后，再通过巫女[1]或神职[2]等人为媒介听取回答。举个例子，希腊最

---

1. 巫女是日本神社中辅助神职的职务，且不受《男女雇用机会均等法》限制的女性专有工作职位。在某些场合下也会被称为舞姬或御神子。通常巫女身穿白色上衣及红色裤子，代表清新、神圣、无垢之传统形象，但已不具古代灵媒的身份。
2. 神职是日本神社的祭司，也叫神主。神职在神道中是神与人之间的媒介，他们也负责替信徒被除与主持婚礼并管理神社一般事务。在远古时代因政教合一，因此氏族首领也是神官，到后来才有专门的神职。

早的神谕所——德尔斐圣地[1]，其历史之悠久，甚至在俄狄浦斯的传说当中也客串了一把，而俄狄浦斯传说也是心理学术语"俄狄浦斯情结"（Oedipus Complex）的来源。

底比斯国王拉伊俄斯曾受到神谕指示，神谕告知其"将来必会被亲生儿子所杀害"，因而匆忙将尚在襁褓的主人公俄狄浦斯狠心抛弃。得以幸运长大的俄狄浦斯在某一天同样得到了德尔斐的神谕："为免灾祸，切勿靠近故乡一步"，由是踏上了远方的旅程。然旅途中突发事端，他在不知情的情况下将自己的生父杀害，甚至与其生母结婚并最终成为底比斯的国王。诡异的是，俄狄浦斯治下，国家连年不顺，灾祸频发。百思不得其解的他便再度向德尔斐寻求神谕。神谕道："将杀害拉伊俄斯者驱逐他方！"而通过对事件的追查，俄狄浦斯也逐渐明白了真相。深感命运之绝望的他最终自剜双目，弃国而去。

在上面这个故事中，"神谕"的角色可谓至关重要：当时的人们是无法做到直接听取"神的示意"的，需要通过拥有特

---

1. 德尔斐是一处重要的"泛希腊圣地"，即所有古希腊城邦共同的圣地。这里主要供奉着"德尔斐的阿波罗"（Appollon pythien，以下简称"阿波罗"），著名的德尔斐神谕就在这里颁布。德尔斐位于福基斯，现在已列入联合国教科文组织的《世界遗产名录》。"泛希腊圣地"是一个外在于城邦政治的复杂构造，在宗教意义上为所有希腊人提供自我认识的唯一途径。据说阿波罗神庙的入口处刻着三句箴言："认识你自己"、"凡事不过分"、"妄立誓则祸近"。

殊能力的巫女等人的协助才能完成。换句话说，在人人都能领会神意的时代，自然没有神谕所的立足之地；而神谕所的出现，也就意味着当时仅有个别的人能够听到"神"的话语。但在阅读《吉尔伽美什史诗》[1]以及《伊利亚特》时我们会发现，年代愈是久远，则人们越倾向于直接听取"神的窃窃私语"。这种行为笔者虽称之为"神的窃窃私语"，但放在朱利安·杰恩斯的语境中，那就是"二分心智理论"了。

二分心智理论在科学上是否成立

朱利安·杰恩斯认为，"二分心智理论"象征着人的左右脑在同一时刻所各自产出的不同事物。从现代大脑生理学的角度来看，左脑与右脑确实承担着不同的功能，因此他笃信，左脑的发达使得人们开始拥有明确的意识，而右脑的退化致使听取"神明之声"的能力不复往昔，因此"神明之声"实际上源自右脑。

但无论是"神的窃窃私语"也好，"二分心智理论"也好，从科学角度来说，这种事情真的会出现在大脑上面吗？文科出身的笔者对此并没有一个准确的定论。这时，笔者突然想起著

1.《吉尔伽美什史诗》（又译为《吉加墨史诗》《鸠格米西史诗》是来自美索不达米亚的文学作品，是已发现的最早英雄史诗。史诗所述的历史时期被认为在前 2700—前 2500 年之间，比已知最早的写成文字的文学作品早 200—400 年。史诗主要讲述了苏美尔时代英雄吉尔伽美什的传说故事，并汇聚了两河流域的许多神话传说，共有 3000 多行。

名解剖学家养老孟司曾在《每日新闻》[1]专栏中专门写过此书的书评，便借同在该报撰写书评之便，对这个理论的可行性高低进行了询问。养老孟司的回复虽然在开头先说了句"用目前的科学理论暂时还很难证明"，但在后续的描述中依然表示，该理论是具备充分的科学性的。在上世纪70年代以前，学界普遍流行着这样的学说：右脑一般并不发挥作用，仅在左脑运转受阻时充当备用脑的功能。而近年研究发现，虽然左脑确实承担着分析与语言等中枢功能，但另一方面右脑并非左脑的备份，其发挥着整体协调与艺术感知方面的功用。

笔者自己也曾领会过大脑功能的不可思议之处。笔者常光顾的一家居酒屋里，有一位酒量颇佳的老酒客，某天因为左脑突发脑梗死而被抬进了医院。手术后的他虽然捡回了一条命，但是从此就没法说话了。目睹了这一切的笔者，深感不可思议。那个人如今再如何努力也无法张口讲话了；而在以前，他却是能够仅凭记忆就可以将不同歌曲信手拈来的能人。虽然说话与唱歌都需要用到嘴，但会话时左脑占据主要功能，而集旋律和节奏于一体的歌曲则依靠右脑的支配……我们对于大脑的了解实在太少了。

无论如何，笔者在宗教与神明方面的"文科思维"式探讨能得到理科出身的养老孟司的肯定，这让笔者多少还是有了些底气的。

1.《每日新闻》是日本一家全国发行的报纸，也是日本现有历史最悠久的报纸，由每日新闻社出版。

第一位近代人——奥德修斯

在那些能够听到"神"的声音的时代里，人们过着怎样的生活呢？很遗憾，关于那个时期的文字史料如今留存甚少，对于生活的反映也相当模糊。哪怕是年代久远如楔形文字与圣书体，也是在 5000 年前才真正开始广泛被使用，而更早的时代中究竟发生过什么，自然也无从知晓了。因此，唯有 5000 年前至 3000 年前的约 2000 年的历史，能被确凿地考证出是"听得见神的声音"的年代；在那之前的状态虽一时无法断言，但大体也能推断出其一脉相承的风习。

距今约 400 万年前，人类的祖先"直立猿人"在地球上诞生；随后"直立猿人"进化为"原人""旧人"[1]，而最终在约 7 万年前成长为与现代人一致的"新人"[2]，冰期[3]也随之结束，并

---

1. 旧人即尼安德特人（Homo neanderthalensis，简称尼人），是一群生存于旧石器时代的史前人类，1856 年其遗迹首先在德国尼安德河谷被发现。目前按照国际科学分类二名法归类为人科人属，至于是独立物种还是智人的亚种则一直不确定，随着 2010 年的研究发现部分现代人是其混血后代后，也可能被归类于智人下的一个亚种。
2. 智人（Homo sapiens，意为"现代的、有智慧的人类"），生物学上归类为哺乳纲、灵长目、人科、人属的物种，分为早期智人和晚期智人两个发展阶段。按人类发展阶段，早期智人又可称古人，晚期智人则为新人。
3. 冰期（Glacial period），又称亚冰期，是指在一个"大冰期"（其时间跨度是几千万年甚至 2 亿、3 亿年）之中，一段持续的全球低温、大陆冰盖大幅度向赤道延伸的时期。而间冰期是指两次冰期之间，全球温度较高，大陆冰盖大幅度消融退缩的时期。冰期与间冰期的时间尺度是数十万年。一个冰河时期由冰期、间冰期交替反复旋回。

在约 1 万年前进入间冰期 [1]。在冰期时代，人类曾为了躲避严寒而深居洞穴之中，以狩猎采集为主要活动，而随着冰期的完结，人类也终于开始了在固定位置定居的农耕畜牧生活。定居生活孕育出了聚落，作为群体交流手段的语言必然同样得以蓬勃生长；语言使用的不断深入，催生了记录语言时使用的文字……到了这个阶段，虽然各方面都已得到长足的进展，但人类明确的意识依然尚未建立。他们默默地听取着"神"的声音，那正是位于距今 5000 年前—3000 年前的 2000 年间隔期，而虽无明确证据，"神"的声音应早在此之前便为大众所聆听。

意识的产生也意味着，人类开始能以富有责任感的心态去看待事物了。换言之，从人类走出洞穴开始到能够带着判断力与责任感驱动自己的行为，前后花了大约 9000 年的时间，其间人们不做任何独立思考，都依靠"神"的指示来展开行动。有关这些内容，朱利安·杰恩斯都通过对荷马的著作《伊利亚特》与《奥德赛》的解说来逐一阐明要点。

接下来笔者要讲的内容可能有些专业，各位读者不妨一听。虽然普遍观点都声称《伊利亚特》与《奥德赛》这两部作品都属于荷马自行陈述的叙事诗歌，但笔者认为它们更像是经过第

---

1. 间冰期是于一个冰河时期内部，分隔开相邻冰期的一段地质时代。间冰期全球平均气温较高，较温暖。全新世的间冰期由 1.14 万年前的更新世末开始，一直延续到现在。

三方表述的作品，也就是说除了"荷马甲"之外还存在一位"荷马乙"，而两者在年代上甚至有可能相距百年。笔者这样的推论绝对不是空穴来风，从两部作品的叙事风格上我们就能看出端倪：《伊利亚特》当中随处可见"神"的踪迹，神明对人类发号施令并指引人类的行为；而《奥德赛》却正好相反，其主人公奥德修斯在面对困难险阻时，大多都凭借自己的判断来行动。《伊利亚特》中虽然也有奥德修斯的戏份，但奥德修斯之所以被称为"历史上第一位近代人"，靠的不仅是单纯无畏的聪明智慧，也有身为人类的狡猾一面，对于我们现代人而言也是非常好理解的一位人物。顺带一提，闻名遐迩的"特洛伊木马"战术，就是奥德修斯想出来的点子。奥德修斯真正做到了不盲从"神"的声音，而是通过自己的判断去付诸行动。

《奥德赛》作为《伊利亚特》的续篇，其故事时间跨度长达 10 年，主要讲述了特洛伊战争后奥德修斯在回归祖国途中如何突破千难万险，并最终凯旋的冒险故事。书中章节的最后，历经风雨的奥德修斯回到故土后，看到的却是妻子佩涅洛佩被一群男人簇拥的景象。面对"奥德修斯已经死去，不会再回来了"的花言巧语，佩涅洛佩费了好些心力才将男人们驱散，但奥德修斯却不由得对妻子起了疑心。为了证明真伪，奥德修斯回到当地后并未急于展露真身，而是乔装为一名贫穷的老人，一边试探妻子的真心，又一边驱散蜂拥而至的求婚者。

《奥德赛》的主人公竟能如此独立自主地进行判断，并富有责任感地开展行动，这在以往的各类故事中前所未见。笔者在大学里虽经常使用《奥德赛》的文本进行课程教授，而当重新以不同的目光进行审视时，确实能够感受到其与《伊利亚特》之间的天差地别。

人类为何需要唯一的神

人类开始真正拥有"意识"且耳边的"神"之声逐渐微弱时，恰好距今约 3000 年前，即公元前 1000 年左右。无论是《伊利亚特》抑或是《奥德赛》，它们在今人看来不啻为虚构的神话故事，但事实果真如此吗？笔者反而认为，若其只是纯粹寄托于捏造而没有一定的真实事件作为基础的话，是难以被世人广泛传阅数百上千年的。换句话说，这二者必然存在相当的真实性，并因其而流传千古。

举个通俗易懂的例子。在《伊利亚特》当中，记载着阿伽门农[1]与阿喀琉斯[2]之间的一场对峙。阿伽门农是希腊军队的总将军，而阿喀琉斯是希腊军队中首屈一指的勇者。故事中，希腊军队势不可挡地攻入特洛伊城，在破坏某个城镇时，阿喀琉

---

1. 阿伽门农（Agamemnon，意为"坚定不移"或"人民的国王"），希腊迈锡尼国王，希腊诸王之王，阿特柔斯之子。特洛伊战争中的阿开奥斯联军统帅。
2. 阿喀琉斯（Achilles）也译作阿基里斯、阿基琉斯等，是古希腊神话和文学中的英雄人物，参与了特洛伊战争，被称为"希腊第一勇士"。

斯贪婪地将当地的女性劫掠一空——这个如今看来极不人道的行为在当时却是理所当然的，毕竟"成者王，败者寇"，胜者可以随心所欲地卷走所有东西，当然人也同样算在内。但事后，阿伽门农却将阿喀琉斯的"战利品"全部据为己有。

从阿伽门农的角度来说，自己身为希腊军队的总指挥，自然有权力将手下的东西尽收囊中。眼看着自己的战利品被无端夺去，阿喀琉斯深感愤怒，一气之下便离开了军队。身为希腊军队的一员猛将，阿喀琉斯的退出使得军队元气大伤。此时，阿喀琉斯的好友帕特罗克洛斯[1]有意加入希腊军队，便借去了阿喀琉斯的武器欲要大战一番，未曾想却被特洛伊军队所击溃。也有言论认为，特洛伊战争之所以陷入胶着的苦战，与阿喀琉斯退出军队的决定不无关系。力不从心的阿伽门农最终上门向阿喀琉斯谢罪，并力邀其回归军队。阿喀琉斯后来虽在事实上重回战场，但与其说是为了希腊军队的荣光而战，倒不如说只是替好友帕特罗克洛斯报仇而已。

笔者的铺垫稍显冗长，但这里终于迎来了关键的一幕：阿伽门农恳切地对阿喀琉斯说着，"将你的女人夺去是我的过错"，一边将赔礼道歉的物品赠上。没想到阿喀琉斯却不为所动，直言

---

1. 帕特罗克洛斯（Patroclus）一名取意"父亲的荣耀"，为伊利亚特国王墨诺提俄斯之子，阿喀琉斯的好友（一说是恋人）。

"即便你赔偿给我10倍的物品，我也决不原谅你"。这时阿伽门农突然冒出了这样一段台词："是宙斯悄悄告诉我该这么做的，所以我别无选择。他也说，你（阿喀琉斯）应该是要收下这些女人的，因此我就照章办事了。"对于阿伽门农的这一段发言，阿喀琉斯并没有惊讶地发出"你在说什么梦话"之类的评价，反而一言不发地全部都听进去了。

当我们阅读这段文字时不难看出，姑且不论当时的人是否真的能够听到"神"的声音，但至少他们是很吃这一套逻辑的。在朱利安·杰恩斯的眼中，这样的"声音"也随着时间流逝而逐渐听不到了。

我们是否可以这么认为，"神"的声音的逐渐远去，与人类开始使用文字的行为有关？文字的使用使得左脑开始有意地压制右脑活跃的行动，主管听取"神"的声音的右脑自然逐渐失去效用。尤其是字母系统的出现，人们得以用极少的文字去表述自己的想法，这也与日后读写能力的发达有着莫大的关联；与此同时，一神教也在这片土壤中诞生了。也就是说，人类在此期间开启了独立思考，也失去了与"神"进行沟通交流的指针。为了寻找到指导生活、告知生活意义的精神寄托，全知全能的唯一真神就隆重登场了。这样一想，被雅斯贝尔斯称作"轴心时代"的这个时期，优秀的思想家百花齐放实在是不足为奇。

尚能听到"神"的声音时，人们无需寻找"生活的指引"，只需听从内心的"神"之声就可以了；而这个声音一旦消失，绝对意义上的"神"就成了刚需，用以作为判断万事万物的参照。一言以蔽之，与神谕和占卜一样，无论是"唯一真神"或是各式思想，终归都是"神"的声音的替代品而已。

古代世界的划分节点

我们普遍地将人类的文明史粗略划分为"古代、中世纪、近代、现代"四个时期，但值得注意的是，5000 年的文明史中仅是"古代"时期就占据了 4000 年。因此即便同为"古代"时期，笔者认为将其再度细分为"旧古代、旧中世纪、旧近代、旧现代"四个部分可能更为妥当。其中，"旧古代"是古代之中最为古老的时代，这时的古埃及刚刚建造完金字塔；随之而来的时代里古埃及遗失了建造金字塔的技术，世界也陷入一片混乱，是为"旧中世纪"；而与"旧近代"相对应的，则是诞生了哲学与直接民主政治的古希腊时代。这些时代之间的区别，通过观察各自的遗迹与文物便能见分晓。

位于"旧古代"至"旧中世纪"时期的古埃及与美索不达米亚，在艺术领域的特征都十分固定。例如，刻画于浮雕作品之上的人物都处在直立不动的状态，即便是描绘具体动作的画面也毫无跃动感，表现出的是相当僵硬死板的模式化套路。当时代进入希腊所在的"旧近代"时，画风却摇身一变，或流动或跳跃的艺术作品令人耳目一新，这也可谓是抓住了人类真正活着的状态吧。用现在的历史标准来说，古希腊时代宛如身处文艺复兴。文艺复兴时期常被誉作"对古希腊的再发现"，二者之间想必也渊源颇深。

　　若说古希腊是一种文艺复兴，那"旧现代"理应属于坐拥天下丰富物质与文明的罗马帝国。因此在古代，建造了金字塔的古埃及与罗马帝国行省时期的埃及都是截然不同的事物，而它们之间的差距也绝不亚于我们眼中的现代与古代的差距。笔者当年去调研庞贝古城遗址时，同行的希腊史专家感叹道：要是这就是希腊人眼中的应有水准的话，那这些建筑与其说是民居，倒不如说是宫殿。确实，庞贝当地的住宅集中在同一区划内，面朝大道的区域皆以砖石间隔出一个个小空间来进行商业活动，往里走就是发挥着居住功能的大宅院。但无论是多么豪华的宅邸，在罗马人看来都不过是庞贝地方贵族的住所而已，而放到希腊人的环境中，这些住宅的规模可堪比宫殿了。克里特岛上的克诺索斯宫在当时虽被评价为"豪华得过于夸张"，确实也不可否认是一座气势恢宏的建筑，但与罗马一比，顿时黯然失色。

　　换言之，即便同处古代时期，不同参照物之间同样存在着巨大的差距；纵然是"旧中世纪"与"旧近代"之间，其鸿沟也大得难以想象。这个年代也正处于公元前1000年左右，即字母系统诞生、一神教滥觞、货币开始被广泛使用且各种思想在全世界遍地开花的"轴心时代"。

一神教的滥觞——古埃及的阿顿神信仰

　　前14世纪，古埃及的土地上诞生了世界上首个一神教信仰，它是由古埃及第十八王朝法老阿蒙霍特普四世[1]强行推广的时代产物。在此之前，原本古埃及普遍信仰的是以阿蒙[2]为首的多神教信仰，同时阿蒙又因被视作神的化身而多用于法老的命名当中，阿蒙霍特普里的"阿蒙"便是由此而来。但是阿蒙霍特普四世在其上任的第四年，悍然对多神教展开了批判并宣言将其废除，改为崇拜唯一神明阿顿神。而且为了证明自己坚定的信仰，他也将名字中原有的"阿蒙"修改成意为"有用之人"的"埃赫那吞"。顺带一提，埃赫那吞本人常被认为是因黄金面具而著名的图坦卡蒙[3]的义父，近来却有研究显示其应为图坦卡蒙的生父。

阿顿神是象征着太阳的唯一之神，但它并非脱胎于多神信仰时代的其中某一位神明，而完全是由埃赫那吞凭空捏造的全新信仰。埃赫那吞的宗教改革引起了激烈的纷争，但反对

---

1. 阿蒙霍特普四世，后改名埃赫那吞（Akhenaten，亦译作埃赫那顿），古埃及第十八王朝法老。阿蒙霍特普四世是第十八王朝全盛时期的法老阿蒙霍特普三世的儿子，其母亲是阿蒙霍特普三世的王后提伊。阿蒙霍特普四世统治了 17 年（始自前 1364—前 1347 年之间，结束于前 1351—前 1334 年之间）。他在位时期推行的宗教改革活动是古埃及历史上最重大的事件之一，也是长期以来学者们研究的焦点课题。
2. 阿蒙是一位埃及主神的希腊化名字，意为"隐藏者"（也拼作"Amon"）。他是八元神（Ogdoad）之一，配偶是姆特。
3. 图坦卡蒙（Tutankhamun，前 1341—前 1323）是古埃及新王国时期第十八王朝的一位法老。他原来的名字叫"图坦卡顿"，意思是"阿顿的形象"，后改为图坦卡蒙，意思是"阿蒙的形象"，这也说明了他的信仰从崇拜阿顿神转向崇拜阿蒙神。

阿顿神崇拜且以传统阿蒙信仰派为首的神殿势力受到一再压制，埃赫那吞建立起名为"阿肯塔顿"（意为阿顿神的地平线）的新都城并迁都于此，而如今这座都城所在的位置称作"阿玛纳"[1]。

然而强行推广的一神教信仰改革并未持续多久，仅在埃赫那吞这一代就草草结束了。埃赫那吞生前退位，其继任者为斯门卡瑞[2]，但与之有关的历史记载余存不多，细节也无从知晓，但是又一任接班人图坦卡蒙在幼年即登上王位，未能与神殿势力展开斗争，阿顿神信仰随之流产并重新改回阿蒙神信仰。

阿顿神的一神教信仰真的只在埃赫那吞的时代留存过吗？《圣经·旧约》中以《出埃及记》而闻名的犹太教预言者摩西，

---

1. 阿玛纳（Amarna）是埃及古都，即泰尔埃尔阿马那，位于今之明亚省。古埃及第十八王朝阿肯那顿法老统治时期在此建都并由底比斯迁都于此，得名意为"阿顿神德泽所被之地"。该地位于中埃及，近于赫尔摩波利斯而横跨尼罗河两岸。阿肯那顿以界石划分东西两岸，官观等建筑设于东岸。史称"阿玛纳时代"。阿肯那顿死后，该城因王室迁回底比斯而逐渐衰落，至霍伦希布统治时期被摧毁，部分残件被拉美西斯二世用于建筑埃尔穆波里斯等地工程。

2. 安赫何鲁·斯门卡瑞·杰塞尔·何鲁是古埃及第十八王朝后期的法老，在位三年。在他死后，图坦卡蒙继位。由于斯门卡瑞在位时间短暂，又正好接续在埃赫那吞之后，因此有些考古学家认为斯门卡瑞就是埃赫那吞的皇后娜芙蒂蒂，因为娜芙蒂蒂的名字几乎在同一时期在埃及史上消失。考古学家认为，极有可能是因为她改了名字当上了法老。目前对斯门卡瑞的历史依然所知甚少，源于从霍伦希布开始，国王对整个阿玛纳时期历史所进行的抹杀。

就生活在拉美西斯二世[1]所统治的前 14 世纪，而出埃及一事又发生在前 1250 年前后，因此摩西与埃赫那吞在时间上相隔约 100 年。所以许多学者据此认为，虽然同为一神教信仰，但埃赫那吞与摩西之间应该是不存在相关性的。但这里又生出了新的疑问，那就是为何摩西随之又创造出了一神教？心理学家西格蒙德·弗洛伊德对此表现出了强烈的兴趣。他认为，无论从精神分析学还是心理学的角度来看，多神教信仰都是人类最为本能的应有想法，但为何从中会出现一神教这么个"异类"？由此看来，埃赫那吞与摩西的宗教之间必然存在着某种联系。西格蒙德·弗洛伊德在其著作《摩西与一神论》中，针对二人之间究竟存在着什么样的关系进行了探讨。

西格蒙德·弗洛伊德在书中披露了一个惊人的论点，那就是摩西实际上并非犹太人，而是埃及人，在摩西创立犹太教后，世界上才出现了"犹太人"的概念。这些观点的提出固然十分有趣，但身为学者，毕竟还是得恪守一切靠史料说话的原则。在此，笔者就带领各位读者来科学地分析一下埃赫那吞与摩西之间究竟有着何种关联。

埃赫那吞的一神教虽在其退位后日渐式微，然而说到底，

---

1. 拉美西斯二世或拉姆西斯二世（Ramesses II，约前 1303—前 1213），古埃及第十九王朝法老（约前 1279—约前 1213 年在位），其执政时期是埃及新王国最后的强盛年代。

阿顿神信仰还是拥有过国教的地位的，不能排除在埃及的某个角落依然存留有信仰一神教的可能性，也正是这些残留的信仰痕迹给予了摩西莫大的启发。像这样将逻辑梳理一遍后，也能够解释为何摩西会大力宣传对人类而言极不自然的一神教信仰了。阿顿神信仰也罢、犹太教信仰也罢，确实都是在极短时间内同时发生在埃及这片土地上的历史事实。

犹太教为何未能普及

埃赫那吞一神教的短暂出场后，迎来了犹太教的诞生，而犹太教也在后来派生了基督教与伊斯兰教这两个同样信仰唯一之神的教派。所以，犹太教、基督教与伊斯兰教三教之间绝非水火不容，其信仰的神明其实都是一致的。对于这位神明，三种宗教中的叫法各有特色，如"雅威"或"耶和华""主""安拉"等等，它们都并非古已有之的固有名词，而是专指"神"的词汇。因此，常常能在日本听到的"安拉之神"之类的说法，在使用上实际是存在谬误的。

三个宗教当中，基督教与伊斯兰教都突破了民族与国家的界限成为世界性的宗教，而唯有犹太教独居一隅，这与犹太教徒的心态有很大关系。在维护自己所信仰的宗教时，犹太教徒呈现出保守和顽固的倾向，也并没有将宗教往外推广普及的意识，并且犹太教当中的救赎观念也仅能对犹太教徒形成约束。

犹太人（Jews, Jewish people）又称作以色列人或者希伯来人。

以色列与希伯来的称呼差异在于，希伯来属于犹太人对外的称呼。就好比日本会被外国人称作"Japan"一样，以色列就相当于日本，而希伯来等同于"Japan"，这种解释可能会更好理解。所以犹太人也永远不会自称为"希伯来人"，而是"以色列人"。

据犹太教圣书《圣经·旧约》记载，如今犹太民族的始祖名叫亚伯拉罕[1]，他带领着族人从美索不达米亚南部一座名为"乌尔"[2]的城镇走出，并最终移居到位于以色列的迦南[3]之地。若干年后，亚伯拉罕之孙雅各[4]定居埃及，其子孙在埃及沦为了奴隶。埃及的奴隶时代前后持续了约400年，雅各的子孙中有人提议并指导族人逃出埃及，是为预言者摩西。因此我们也

---

1. 亚伯拉罕（Abraham）原名亚伯兰或亚巴郎（Abram，意为"崇高之父"），是亚伯拉罕诸教（犹太教、基督教和伊斯兰教等宗教）的先知，是上主从地上众生中所拣选并给予祝福的人。同时也是包括希伯来人和阿拉伯人在内的闪米特人的共同祖先。

2. 乌尔（Ur）又称吾珥，是美索不达米亚的一座古城。当时它位于底格里斯河与幼发拉底河注入波斯湾的入海口，今天它的遗址位于伊拉克的内地，巴格达以南纳西里耶附近，幼发拉底河的南部。

3. 迦南（Canaan，天主教译为客纳罕）原意为"低"，指地中海东岸的沿海低地，是一个古代地区名称，大致相当于今日以色列、约旦河西岸和加沙，加上临近的黎巴嫩和叙利亚的临海部分。

4. 雅各（Jacob），天主教翻译为雅各伯，后来改名为以色列，是《圣经》里的一名族长。他的故事可见于《创世记》。名字意思为"抓住"。他用"一碗红豆汤"买了哥哥以扫的长子名分，又为舅舅拉班劳动超过20年，以换取妻子拉结。在他与神摔跤后，被改名为以色列。他也是以色列人的祖先。

可以说，出埃及算得上是摩西主导的一场奴隶解放运动。

　　跟随摩西逃出了埃及的犹太人们朝着神明赋予的"团结之地"迦南地区进发。那里曾是祖上亚拉伯罕所居住的土地，但如今早已被其他民族占据。所以在犹太人真正扎根于迦南地区之前，还经历了相当长的一段岁月。最终犹太人在巴勒斯坦[1]地区建立了以色列王国[2]，并于前 1000 年左右在大卫王[3]的带领下迎来了全盛期。但当大卫王的继任者所罗门死后，以色列王国便分裂为北以色列王国与南犹大王国两个部分。

　　以色列王国在前 722 年被亚述帝国歼灭；而犹大王国在前 609 年开始接受埃及统治，埃及又被后来的新巴比伦王国[4]所攻

---

1. 巴勒斯坦是中东的一个地区，从地中海东岸一直延伸进入亚欧大陆内部。由于该地域的边界随历史上行政区划的不同而不断变化，所以至今还没有完全确定的边界。

2. 以色列王国又称希伯来王国，历经扫罗、大卫、所罗门等三王，存在了三代，都城在耶路撒冷。但国家在所罗门的儿子罗波安即位后，由于民众反抗他的统治，不久分裂为南北两国，北国续用以色列王国名称，先后定都示剑、毗努伊勒、得撒和撒马利亚，而分裂后的南国则称为犹大王国，首都继续在耶路撒冷，因继承大卫家，被视为正统。据《圣经》记载，所罗门在位晚期背离了耶和华。所罗门死后，以色列王国发生分裂。

3. 大卫是前 10 世纪以色列联合王国的第二任国王。大卫乃"被爱的""蒙爱者"之意。

4. 新巴比伦王国（前 626—前 539）由迦勒底人所建，大约处于古代美索不达米亚南部。前 626 年建立，在尼布甲尼撒二世统治时国势达到顶峰，最后在前 539 年被波斯人消灭。

陷，犹太人不得不被收作奴隶转送到了巴比伦，这段典故又被称作"巴比伦囚房"[1]。直到前 538 年波斯国王居鲁士二世[2]对犹太人进行释放，前后约持续了 50 年。有言论认为，犹太教经典《圣经·旧约》实际上也正是在"巴比伦囚房"期间写就的。换言之，正因为犹太民族陷入空前的民族危机，才使得他们产生了前所未有的凝聚力，同时也为了保存自己的历史，才诞生出这本犹太教的圣书。

随着北以色列王国与南犹大王国的覆灭，代表着宗教信仰的耶路撒冷神殿也被破坏殆尽，如今我们能找到的相关历史资料也只有《圣经·旧约》这类内容了。而当中最为贵重的史料，现藏于大英博物馆中。这是一块名为"Black Obelisk"（黑色方尖碑）的石碑，上面描绘有北以色列王国耶户[3]的身影，这也是在《圣经·旧约》中登场过的犹太人中仅存的唯一记载。然而，

---

1. 巴比伦囚房或巴比伦之囚是指古犹太人被掳往巴比伦的历史事件。前 597 年和前 586 年，犹大王国两度被新巴比伦王国国王尼布甲尼撒二世征服，大批犹太富人、工匠、祭司、王室成员和平民上万人被掳往巴比伦，并囚禁于巴比伦城。
2. 居鲁士二世（约前 600 或前 576—前 530）即居鲁士大帝 (Cyrus the Great)，中文《圣经》译为古列，现代中文译本改译为塞鲁士。他是波斯帝国创建者、阿契美尼德王朝第一位国王（前 549—前 529 年在位）。
3. 耶户 (Jehu，？—前 815) 是古代中东国家北以色列王国的第 10 任君主。他的父亲是约沙法。

耶户在图中却呈现出一副败在亚述帝国国王沙尔马那塞尔三世[1]脚下的姿态，头部似乎就要触碰到地面一般，十分凄惨。

正如这番惨状所象征的那样，当时的犹太人需要面对来自亚述帝国甚至波斯帝国等列强的压迫，能在夹缝中艰难地保护自己的民族已颇费心力，更毋论将自己的宗教向外传播。在犹太民族势单力薄的立场下，犹太教也只能停留在民族宗教的层面施展拳脚了。

宗教对立是一神教的必然宿命

当犹太教还依然是广阔世界中的极少数派时，从犹太教派生出来的基督教却一跃成为世界的主流。此前，基督教原本也只在极小范围内进行流传，但313年颁布的《米兰敕令》使得基督教得到了罗马帝国的官方承认，从此改变了宗教的命运。

2009年上映的西班牙电影《城市广场》[2]也是以这时的罗马为背景，描述了女性天文学家希帕提娅[3]的人生轨迹以及时代的

---

1. 沙尔马那塞尔三世（Shalmaneser III，？—前824）是一位亚述国王，在位时间为前858—前824年，其父为亚述的重要国王阿淑尔纳西尔帕二世。
2.《城市广场》（Agora）是于2009年10月9日在欧洲上映的一部史诗电影，片中围绕女学者希帕提娅的生平展开讲述，展现了基督教国教化过程的血腥和暴力，以及其对于科学技术的压制和诋毁。
3. 希帕提娅（生于350—370年间，卒于415年）又译作海芭夏、海帕西娅，著名的希腊化古埃及新柏拉图主义学者，是当时名重一时、广受欢迎的女性哲学家、数学家、天文学家、占星学家以及教师。

人情风貌。故事的舞台位于 4 世纪末时罗马治下的埃及城市亚历山大港，片中学识渊博的女主角希帕提娅遭受基督教徒的迫害，并最终被乱石杀害。这个故事并非为电影创作虚构的内容，而是真实地在历史上发生过的事件。被誉为"基督教最高教父"的奥古斯丁[1]就生活在这个时期，他凭借一己之力就将基督教推上了主流地位。但这时的基督教却仗着主流地位的优势，开始对异教徒展开打压，这也正是希帕提娅所经受的一切的源头。如今的基督教徒中仍有部分人在宣称"我们遭到了打压""我们面临着迫害"，而他们真正遭受打压的历史不过百余年，而后摇身一变就成了施暴的一方。中世纪时的猎巫[2]行为虽臭名昭著不假，但基督教针对异教徒的攻击可比这要早得多了。

说起来实在是悲哀，但类似的事情在某一宗教成为主流后，似乎是必然会发生的家常便饭，而同样的事情也在伊斯兰教中

---

1. 希波的奥古斯丁，罗马天主教会官方称希波的奥斯定（Augustinus Hipponensis）或圣奥思定（Saint Augustine），俗称圣奥古斯丁。原称奥勒留·奥古斯提努斯（Aurelius Augustinus，354 年 11 月 13 日—430 年 8 月 28 日），罗马帝国末期北非的柏柏尔人，早期西方基督教的神学家、哲学家，曾任大公教会在阿尔及利亚城市安纳巴的前身希波（Hippo Regius）的主教。
2. 猎巫（Witch-hunt）原指搜捕女巫与巫师或以施行巫术的证据将被指控的人带上宗教审判法庭。今日此类事件被视为一种道德恐慌及政治迫害。从 12 世纪开始到 16 世纪是高峰期。当时基督教（包括天主教、东正教等）已经传入欧洲将近 1000 年，并且几乎成为欧洲的唯一宗教。对于未知的恐惧和对巫术的害怕导致猎杀女巫，而法兰西英雄圣女贞德也曾被视为女巫。

一度上演。伊斯兰教中除了存在基督教与伊斯兰原教旨主义者之间的冲突以外，伊斯兰教内部也有什叶派与逊尼派的分庭抗礼；而基督教天主教派与新教教派的矛盾也是长久以来的心病，二者之间的仇恨深重甚至引发了战争。如上述的种种宗教对立，于一神教而言可能是无法逃脱的"宿命"，毕竟一神教中对唯一之神的确立，注定了无法对其他神明的存在持积极的容忍态度。严格地讲，因宗教而引发的对立冲突也多数发生在一神教之间，抑或是一神教内部教派之间。从这个意义上说，一神教确实是一种后患无穷的宗教。在这里，我们需要思考一个问题：为何原教旨主义者往往和对立与冲突挂钩？

在新教教徒众多的美国，持有原教旨主义态度的人不在少数，甚至据说有50%以上的人至今依然不能接受达尔文的进化理论[1]，而日本国内对于这些情况的报道也甚少。原教旨主义者中最为典型的就是阿米什人[2]了，他们是富有强烈宗教意识的德国移民后裔群体，至今仍固守着移民当初简朴的生活方式，拒绝一切诸如电脑之类的现代电子工具，电话及电力也

---

1. 进化又称演化（evolution），指的是生物的可遗传性状在世代间的改变，操作定义是种群内基因频率的改变。
2. 阿米什人（Amish）是基督新教重洗派门诺会中的一个信徒分支（又称亚米胥派），以拒绝汽车及电力等现代设施而闻名。亚米胥派起于1693年，起源于雅各·阿曼所领导的瑞士与阿尔萨斯之重洗派的分裂运动。追随阿曼的教徒便被称为阿米什人。

一概不用，过着自给自足的农耕畜牧生活。而这，正是原教旨主义的表现形式之一。

2006年，一名持枪男子闯入了阿米什人的小学里并射杀了五名儿童，影响极其恶劣。然而面对这样一件十分悲惨的事情时，身为原教旨主义者的阿米什人为了践行圣书中"务必爱汝之敌人"的箴言，竟采取了令人目瞪口呆的行动：受害儿童的父母在公开场合宣布原谅犯人的过错。而原谅的行动也绝非仅仅停留在口头上，在犯人畏罪自杀后，其葬礼中居然也出现了若干名阿米什人的身影。有关事件的进展与后续阿米什人所做出的行动通过媒体得到了广泛报道，同时也引起众人热议。有人赞赏阿米什人的行为，认为他们忠实地实践了教义所规定的内容；批判之声同样不绝于耳，对于自己的孩子被杀害一事如何能够心安？不论孰是孰非，至少有一点能够证明，那就是在美国依然存在着大量的原教旨主义者，而即便在思想上尚未达到那个程度的民众，也有很大一部分是对原教旨主义者的行为表示肯定的。与此同时我们也别忘了，美国也是个爱好战争的国家——向来追崇"爱与和平"的基督教，为何花了2000年的时间依然无法和战争分道扬镳？石川明人[1]的著作《基督教与战争》中对这个问题进行了详细的剖析。

---

1. 石川明人为日本桃山学院大学社会系副教授，专攻宗教学、战争论。

作者本人虽为基督教徒，却没有套用常见的"那是当时基督教徒犯下的错误"之类的借口去搪塞读者，而是实事求是地展开了一番探讨。书中作者提到，若基督教一直都顺守耶稣甚至是保罗[1]的原教旨主义立场去行事的话，基督教想必早已灭亡，即便得以幸存，也只是少数派的苟延残喘而已。古罗马时代的基督教徒中，也曾出现过拒服兵役的现象，但其最大原因并非来自对杀人的厌恶，却是对于在军队生活中要敬奉其他宗教的神明而产生的抗拒。所以当基督教的地位在4世纪时得到认可后，基督教徒拒服兵役的行为也开始受到诟病，部分人甚至会被施以开除教籍的严厉惩罚。随着中世纪经院哲学[2]的不断发展，秉承"消灭邪恶的正义战争"理论兴起，并逐渐演变为践行神之命令的"圣战"。"圣战"原本意指忠实信守"爱与和平""原谅敌人并给予慈爱"等神明教诲的原教旨主义者，但也正是因为过分地对这些言论唯命是从，践行宗教信条并参与"圣战"

---

1. 保罗（天主教译保禄）本名"扫罗"（Saul），又称"大数的扫罗"（Saul of Tarsus）。他是早期教会最具有影响力的传教士之一，基督徒的第一代领导者之一，因为他首创向非犹太人传播基督的福音，所以被奉为外邦人的使徒。
2. 经院哲学（scholasticism）又称士林哲学，意指学院（academy）的学问。起初受到神秘、讲究直观的教父哲学影响，尤以奥古斯丁主义为最，后来又受到亚里士多德哲学启发。经院哲学是与宗教（主要指天主教）相结合的哲学思想，是在教会力量占绝对统治地位的欧洲中世纪时期形成、发展的哲学思想流派，由于其主要是天主教会在经院中训练神职人员所教授的理论，故名"经院哲学"。

的原教旨主义者也应声而动。实际上在十字军东征后期，修道士中也出现了自称"基督的士兵"的群体。反复战争并屡屡取胜的结果，就是基督教如今成了世界主流。

伊斯兰教与基督教对立的虚像

但凡听到"战争"一词，许多人都默认这是围绕领土与资源展开的博弈，但世界上因宗教问题导致的战争并不在少数。宗教战争在性质上大致分为两种：其一是在一神教之间爆发的冲突，例如基督教和伊斯兰教互为异教徒的这种情况；其二是源自同一宗教内部教派的争论，比如互相争论谁才是基督教正统、谁是异端邪派等，不断循环往复。常言道"家家有本难念的经"，解决宗教内部斗争问题实际上难度颇大，而 17 世纪在欧洲盛行的宗教战争就是一种内部斗争，对战双方为天主教与新教。到 1648 年《威斯特伐利亚和约》[1] 签订为止，这场双方的冲突足足持续了 30 年。值得庆幸的是，如今的欧洲已经不再会出现大规模的宗教战争了；而另一方面在伊斯兰世界里，逊

1.《威斯特伐利亚和约》（*Peace of Westphalia*）是指 1648 年 5—10 月间在威斯特伐利亚地区内的奥斯纳布吕克市和明斯特签订的一系列条约，标志着欧洲一系列宗教战争的结束，终结了欧洲历史上有近 800 万人丧生的动荡时期。学者普遍认为，该和约的签订标志着基于威斯特伐利亚主权概念的现代国际系统的开始。

尼派与什叶派的对抗依旧在日复一日地上演。《威斯特伐利亚和约》的签订看似只是认可了加尔文派与信义宗[1]的社会地位，实际上也正是这个条约缔造了现代民族国家的雏形：与宗教之间的紧密联系被逐渐摒弃，形成了以国家和国民为依托的牢不可破的集团，但由此，国家与国家之间的对立又成了新的历史主流，在此暂时不表。

拜占庭帝国在面对土耳其的攻势中节节败退，顿感力不从心的他们开始向西欧地区同属基督教派的天主教请求援助。战争的结果导致了伊斯兰教与基督教之间势不两立的局面，但当时的小亚细亚及叙利亚地区实际上还是生活着大量基督教徒的，而且他们依旧维持着和平共处的状态。翻阅相关史料，甚至能看到当时许多伊斯兰教徒所抱有的困惑：为何基督教要充满敌意地向我们发起攻击？为了召集更多的人员，欧洲高举着"夺回圣地"的旗帜四处"圣战"，而伊斯兰教同样不甘示弱，以"吉哈德"[2]的形式迎击敌人。基督教虽美其名曰"夺回圣地"，但

---

1. 信义宗，或称路德宗（Evangelisch-lutherische Kirchen），也称信义会、路德会、路德教派，为新教宗派之一，源自 16 世纪德国神学家马丁·路德为革新天主教会发起的宗教改革运动，其神学思想成为改革运动的象征。
2. Jihad，即"圣战"，是伊斯兰教及穆斯林世界常用的宗教术语，出自阿拉伯语词根"jahada"，即"做出一切努力"或"竭力奋争"之意，字面的意思并非"神圣的战争"（Holy war），较准确的翻译应该是"斗争、争斗"或"奋斗、努力"。

绝对也包含了想要独占圣地的动机。毕竟如刚才所提到的，小亚细亚及叙利亚地区的基督教徒与伊斯兰教徒实际上处于共同生活的状态，他们都以心照不宣的形式共享着同一片圣地。

因此，世人对伊斯兰教与基督教之间的对立存在设想，实属一种固有思维的偏见。要不然，圣城耶路撒冷里面熙熙攘攘的人群又该做何解释呢？无论是《圣经·旧约》《圣经·新约》乃至《古兰经》中，都记载着有关帮助弱者的这一信条。由此可见，就依这三者在价值观上拥有一致的导向这点来看，怎么想也不该是相互对立的势力。

犹太教奉《圣经·旧约》为圭臬，而基督教中对《圣经·旧约》和《圣经·新约》采取了并行不悖的态度，伊斯兰教也从未表示出对基督教的否定。在伊斯兰世界众多的预言者当中，穆罕默德[1]被视为最高预言者。换句话说，基督教与伊斯兰教之间的区别，仅仅在于价值取向的不同而已。当然，讲了这么多，也并不是说基督教与伊斯兰教之间完全没有任何矛盾——说到底二者的行动规范确实存在差异，也都互相包含有对方难以接受的部分，但再

---

1. 穆罕默德（Muḥammad，571—632）全名为阿布·卡西木·穆罕默德·本·阿布杜拉·本·阿布杜勒－穆塔利卜·本·哈希姆，是伊斯兰教的创始人，同时也是一位政治家、军事家和社会改革者。他成功地使阿拉伯半岛的各部落在伊斯兰一神教下统一。除了阿赫迈底亚的穆斯林以外，穆斯林认为他是"真主"派遣到人类的最后使者、先知和天启诸教复兴者。

怎样也绝不至于针锋相对、大动干戈，甚至要搭上性命去一决生死。伊斯兰教徒与基督教徒中的绝大多数还是充满正义感的。

罗马构建了欧美人的自负心理

梵蒂冈的罗马教皇是被称作"天主教的顶端"的基督教最高领导人。虽然身为天主教最高领袖，但他给世人带去的影响绝不仅限于天主教教徒，连新教教徒们对这位教皇也多少心存敬畏。

很多人之所以不能理解为何罗马教皇能够受到广泛敬仰，是因为没有意识到这一点："罗马"在欧美人的心中占据着难以撼动的地位。罗马并不只是一个领土辽阔和长久治安的大国，它还是当今所有欧美人最初的"根"。因此罗马既是欧美人自负心理的来源，同时也属于欧美人心中的理想。在欧美，这种心理被称作"Rom idee"。这个词在日本基本少有提及，直译的话应为"罗马的理念"或"罗马的理想"。总而言之，罗马构成了基督教精神世界的重要象征，即便罗马帝国灭亡多年后，在如今的欧洲人心中也依旧存在着这样的观念。

换一种更为极端的说法，那就是如今欧洲人的思想中，仍然残存有重现罗马荣光、"以罗马之国力重新统一世界"的意识。而对这种思想的流露与实践，在历史的舞台上从未缺席，神圣罗马帝国如此，法国大革命亦如此。其中法国大革命后开始采用的"执政官"一词，很明显就是对共和政体罗马帝国时代职位的直接沿用；还有个不太恰当的例子，就是纳粹思想的根源实际上也与"Rom idee"不无关系。由此看来，若基督教未能发展到今天这般规模，那伊斯兰教想必也可能无法壮大，实在是有些讽刺。某种意义上，两个宗教正是各自怀抱着包括"Rom idee"在内的各种理想与目标不断博弈，最终才形成了二分天下的局面。

战争让如今的宗教不复以往

宗教不仅毫无止战的力量，甚至还有引发战争的可能，长此以往，战争也将会无休止地进行下去。无论孰胜孰负，战争留下的往往都是悲惨的现实。而世界历史中，也曾出现过为专心从事国家复兴而放弃战争的领导人。12 世纪中叶，第二次十字军东征整装待发。为了对抗十字军势力，伊斯兰教各势力寻求统一，并最终在叙利亚的军事要冲大马士革[1]合流。当时，掌管叙利亚的是赞吉王朝[2]的年轻君主努尔丁。在他的努力下，第二

---

1. 大马士革（非正式的名称：沙姆大马士革，有时被直称为沙姆，在中文和合本《圣经》中则翻为大马色革）是亚洲国家叙利亚的首都，也是全世界最古老的有人持续居住城市（建城至今 4000 多年，而人居时间更长达 1 万年之久）。
2. 赞吉王朝（Zengid dynasty, 1127—1262），亦称努尔王朝、曾吉王朝，是一个乌古斯人穆斯林王朝，于 12 世纪—13 世纪占领叙利亚和伊拉克北部地区。赞吉王朝由伊马德丁·赞吉于 1127 年建立，其子努尔丁（1146—1172 年在位）继其父捍卫伊斯兰教的事业，在抗击十字军的斗争中取得重大胜利。

次十字军的东征毫无所得、空手而归。努尔丁在随后不断扩大国家的疆域，但1156年的一场覆盖叙利亚全境的大地震彻底改变了他日后的生活方式。地震摧毁了一切城市，建筑物自不必说，道路与桥梁也尽数崩溃，而就在破损的缺口位置，满溢的河水也涌了进来。

这时的努尔丁别无他选，一心只想着如何救助受灾人民、如何重新振兴受灾地区。结果，无论是大马士革还是阿勒颇[1]，后来都以令人惊异的速度被重新建立了起来，壮丽无比。而这时被改变了的其实不仅是城市，连努尔丁自己也深受影响。恐怕，努尔丁在努力推进复兴事业的进程中，同样深刻地认识到自己以往热衷的战争不过是无情的破坏行为而已，而且战争带来的后遗症要比自然灾害多得多；相比之下，重建与复兴事业是一种全新的创造行为。了解到这一好处的努尔丁自然会对以往自己所发动的战争深感不齿，逐渐疏远也只是时间问题。

诚然，历史中并不乏像努尔丁这样，从个人的经验中吸取教训并从此与战争划清界限的情况，遗憾的是这并不能永久地

1.阿勒颇（Aleppo）又译作阿勒坡，是叙利亚北部城市，阿勒颇省的首府。叙利亚内战前，阿勒颇拥有逾200万人口，是叙利亚第一大城市。从历史上看，阿勒颇是人类最古老的定居点之一，考古学发现在前5000年时这里就有人居住。

持续下去，终有一日又会被打破。努尔丁的臣下萨拉丁·优素福·伊本·阿尤布[2]后来成为伊斯兰世界的统一者，他挑衅努尔丁不成，便以统一伊斯兰为目标大开杀戒。努尔丁为了和平而有创造力的社会，也仅仅以其一代而告终。正如努尔丁所领会到的那样，战争无论胜负都会带来巨大的破坏；但即便如此，战争依旧无止息地持续了2000多年，纵然是现在的宗教，也无力阻止战争的发生了吧。

　　但这里笔者想要澄清的是，本人并非就此呼吁停止对止战的尝试。冰冻三尺非一日之寒，如今的现状也是从公元前1000年左右开始，人类拥有意识并不断变化和演进后才导致的结果。若要打开局面，人类有必要共同迈入新的境界。换言之，若我们保持现状什么都不做，虽然能取得一时一地的和平，但时过境迁后在面对前所未有的价值观挑战时，依旧免不了纷争的产生进而重蹈覆辙。在无限的循环之中，人类如果想要与战争彻底告别，非通过某种形式达成一致并步入全新的阶段不可。如今的日本正在为《宪法》的第九条[1]动摇不定、争执不休，但坦

---

1. 萨拉丁·优素福·伊本·阿尤布（Selahedînê Eyûbî, 1137/1138—1193），通称萨拉丁（Saladin），埃及阿尤布王朝的第一位苏丹及叙利亚的第一位苏丹，1174—1193年在位。
2.《日本国宪法》第九条规定的三大原则之一的和平主义，成为《日本国宪法》第二章的主要内容，包括放弃战争、不维持战力、不拥有交战权。《日本国宪法》也因而得名"和平宪法"或"非战宪法"。

诚讲，仅靠日本一国的"和平宪法"，想要达成世界和平还是不大可能的。放眼历史，人类曾为了反省第一次世界大战带来的悲惨结果，1928 年由全世界 78 个国家共同签订了非战公约，是为《凯洛格－白里安公约》，或称作《巴黎非战公约》[1]。人们也曾寄望条约的签订能够为世界各国带来永久的和平，可现实又是怎样的呢？仅仅 10 年后，第二次世界大战就爆发了。

如今的日本虽在竭力地维护《宪法》第九条中有关完全放弃战争的规定，但这个规定在《凯洛格－白里安公约》签订以来早已是国际社会约定俗成的惯例了。如此煞费苦心却依旧未能止息战争，与各国在"是否保留一定的自卫能力""能否行使自卫权"等方面的不同解读息息相关。在这种情况下，若要问"究竟如何才能让战争消失在这个世界上"，笔者也唯有回答："当人类能够以某种形式迈入新的阶段时，则大事可成——正如前 1 千纪时所发生过的那样。"

1.《非战公约》，全称为《关于废弃战争作为国家政策工具的普遍公约》，亦称《巴黎非战公约》(Pact of Paris) 或《凯洛格－白里安公约》(Kellogg-Briand Pact)，是 1928 年 8 月 27 日在巴黎签署的一项国际公约，规定放弃以战争作为国家政策的手段和只能以和平方式解决国际争端。由于该公约本身是建立在理想主义的国际关系理论下，所以没有发挥实际作用，但这是人类第一次放弃战争作为国家的外交政策。

第6章

由共和制揭示日本与西方的异同

——为何罗马以"共和政治"为目标

主张独裁政治的柏拉图
与推崇贵族政治的亚里士多德

日本人大多认为，众多的政治体制中唯有民主制才是最优解。《广辞苑》[1]（第六版）中，将"民主政（民主政治）"一词解释为"主权在于人民，且基于人民进行运转的政治体制"，古希腊则是最早施行民主制的国家。希腊所推行的是理想化的直接民主制，民众作为自由人，全体皆拥有平等参与政治的权利；他们能够通过表决选出执政官（最高领导人）等官员人选，而无论个人财产多寡，都有轮流从事基层职位的义务。民主政治的程度竟能做到如此深入且彻底，想必古希腊人自己也对这一体制感到骄傲吧？但实情并非如此。

柏拉图在其著作《理想国》（*The Republic*）[2]中论述道，比起民主政治，还是由"哲学家国王"对国家进行统治为好，即意为将富有教养与见识的"哲人"置于皇位并施行独裁政治。

1.《广辞苑》是日本最有名的日文国语辞典之一，由岩波书店发行。
2.《理想国》又译作《国家篇》《共和国》《王制》，是古希腊哲学家柏拉图大约在前390年所写成的作品，主要谈及了正义、秩序和正义的人及城邦所扮演的角色，是柏拉图最著名的著作，也是人类历史上最有影响力的哲学和政治理论著作之一。

简单地说，柏拉图理想中的政治体制应属于由优秀领导统治的独裁政权。柏拉图在现实中确实也身体力行了：当拥有优秀哲学素养的独裁者小狄奥尼西奥斯 [1] 在西西里岛锡拉库萨 [2] 地区横空出世时，柏拉图便义无反顾地开始投身政治，并致力于维护其统治。奈何柏拉图的努力并没有得到收获，并最终被逐到了锡拉库萨地带。柏拉图对"哲学家国王"的幻想虽未能实现，但他依旧由始至终地坚守这一观点。

亚里士多德与其老师柏拉图一样，对民主制最为理想的评判嗤之以鼻。不过，他推崇的则是别样的贵族政治，也可称作"寡头政治（oligarchy）"，指的是由特定的少数人手握政治大权，而亚里士多德将这些"少数人"统称为"贵族"。共和政体罗马时期的罗马元老院体系，可能是最为接近其理想的"贵族政治"的。

为何民主制在希腊不受待见

柏拉图也好，亚里士多德也好，为何都对民主制提出了消极的评价？原因很简单，他们所频繁活跃的公元前 4 世纪，正是希

---

1. 小狄奥尼西奥斯（Dionysius II of Syracuse，前 397—前 343），古希腊西西里岛的叙拉古统治者，大狄奥尼西奥斯的儿子和继承人。他缺乏政治魄力，即位后便与迦太基议和，企图维护其统治。前 357 年被推翻，前 346 年他又重返君位，不久即为古希腊将领提莫莱昂所击败，被迫再次退位并归隐科林斯。
2. 锡拉库萨（Siracusa）又译叙拉古，是位于意大利西西里岛上的一座沿海古城，约有 12.5 万居民，面积为 204 平方千米。

腊民主制遭遇滑铁卢的时期。那希腊民主制的发展又缘何流于失败？要解决这个疑问，有必要事先对古希腊的政治史进行基本的了解。

追溯到希腊的源头，在"Polis"（城邦）方兴未艾的时期，实行的是一王专政的统治模式，这也是在自然条件下演变出的必然结果；渐渐地，旧模式开始向依赖集团领导的"贵族政治"转化，但"贵族政治"并不等同于贵族都能全员参与，而是从贵族中挑选出代表者进行执政，是为"执政官"。最开始这套模式确实运作得风生水起，但时间一长就会产生贵族间的对立并陷入僵局，并最终困于执政官空缺的"Unarchon"时期。位上无人的局面虽不久便消停下来，但混乱却仍在持续着。顺带一提，由"Unarchon"简化而来的"Anarchos"（无支配）正是如今"Anarchy"（无政府状态）一词的词源。

为了停息这无休止的混乱，需要强有力的角色对其进行约束。在此诞生了在英语中称为"Tyrant"、在希腊语中念作"τύραννος/tyrannos"、在日语中写为"僭主"的名号，简明扼要地说就是独裁者。独裁者似乎天生伴随着恶人的不良印象，但这些"僭主"中同样存在着被柏拉图评价为"哲学家国王"的优秀人才，其代表便是来自雅典的庇西特拉图。庇西特拉图在成为僭主途中虽也曾为使他人屈服而诉诸暴力，但在其就任后所施行的却是令人称道的良政。因此，雅典在其接手管理后得到了长足的发展，国力也急速上升，并最终成长为古希腊第一城邦。然而，庇西特拉图的儿子们——希庇亚斯与希帕克斯[1]兄弟在接任后却独断专行，国力随之衰退，古希腊雅典民主政治也是在他们二人去世之后才得到蓬勃发展的。克利斯提尼通过与斯巴达[2]势力结盟将希庇亚斯放逐，将实权紧紧握在手中；同时为了防止僭主的再度出现，"陶片放逐"[3]的市民投票体系也应运而生。

到了前5世纪中叶，希腊迎来了名为"伯里克利时代"的民主政治时期。原则上，只要满足身为成年男性公民的条件，就都有机会参与到公职当中，因此当时的官僚并非通过投票选出，而是以抽签方式来决定的。好景不长，前431年，以雅典为中心的提洛同盟[4]与以斯巴达为中心的伯罗奔尼撒联盟[5]之间

---

1. 希庇亚斯（Hippias）在庇西特拉图（Pisistratus）死后和他的兄弟希帕克斯（Hipparchus）沿用了父亲的统治方式，但希帕克斯于前514年被雅典贵族哈尔摩狄奥斯和阿里斯托革顿暗杀身亡(这一事件被后世民主的赞颂者们称为"暴君诛戮"即"the Tyrannicides"）后，希庇亚斯开始变得偏执暴躁，统治方式也变得森严和压迫。
2. 斯巴达（Sparta）城邦本名为拉刻代蒙（Λακεδαίμων, Lakedaímōn），是古代希腊城邦之一。斯巴达以其严酷纪律、独裁统治和军国主义而闻名。
3. 陶片放逐制（Ostracism）又译陶片流放制、陶片放逐法、陶片流放法或贝壳流放等，是古代雅典城邦的一项政治制度，由雅典政治家克利斯提尼于前510年创立。雅典人民可以通过投票强制将某个人放逐，目的在于驱逐可能威胁雅典民主制度的政治人物。
4. 提洛同盟（Delian League）成立于前478年，是希腊城邦组成的一个联盟，成员在150—173个之间，由雅典领导。在波斯第二次入侵希腊的最后阶段，希腊在普拉提亚战役中获得胜利后，为了继续对抗波斯帝国而成立此同盟。
5. 伯罗奔尼撒联盟（Peloponnesian League）为前6世纪和前5世纪位于希腊南部伯罗奔尼撒半岛上诸城邦所组成的一个联盟。

爆发了伯罗奔尼撒战争，古希腊世界内部陷入整体混乱状态，领导雅典的高层也逐渐将城邦引向民粹主义的境地，看似理想的民主政治嬗变为被称作"众愚政治"的混沌制度。伯里克利在政治上所取得的优秀表现，取决于此前其对民众的强力说服并成为民众所信赖的领袖。然伯罗奔尼撒一役后，这个角色虚位以待，在无人能得到普罗大众的信服的情况下，只能一味迎合民众的喜好来施政，结果使得国家一蹶不振。

最终，力挽狂澜、将雅典的民主政治救于水深火热之中的独裁势力再度抬头，但这次的独裁者连其本人都并非古希腊出身，而是马其顿王国的腓力二世[1]及亚历山大大帝父子俩。正因如此，目睹民主制逐渐演变为民粹主义过程的柏拉图与亚里士多德，自然很难对民主制有什么好的印象。

频繁的希腊内部纷争使其无缘大国梦

被视作理想制度的古希腊民主制度就这般流产了，而在希腊混乱的暗流涌动当中，北方地区缓缓升起了一颗新星，那就是马其顿王国的腓力二世。腓力二世势不可挡地征服了希腊，其继任者亚历山大大帝也马不停蹄地持续加强对希腊地区的控

---

1. 腓力二世（前382—前336）为马其顿国王（前359—前336年在位），是阿敏塔斯三世和欧律狄刻最小的儿子，出生于佩拉。他是亚历山大大帝和腓力三世的父亲。

制，不久后大举远征东方并击溃波斯帝国。亚历山大大帝向东进发之时，早已是在希腊各地区都无可争议的最高领袖。总结来看，希腊的政治体系生于君主制、后为贵族制，僭主在贵族的斗争中一枝独秀地崛起并发展壮大为独裁者，而民主制又在僭主们的尔虞我诈之下兴起，无休止的政局动荡使得君主制二度出山，可谓反反复复无穷尽矣。《历史》作者波利比乌斯由此也将希腊的政体演变现象归纳为"政体循环论"。独裁制、贵族制、民主制等势力轮流把握权力而又最终失守，动辄内乱的政治局势注定了希腊无法成为终极大国。反观罗马则不同，罗马将希腊分散的独裁制、贵族制和民主制力量共冶一炉并形成了势均力敌的政治制度（共和政治），国家也得以兴盛发达起来。

波利比乌斯身为希腊人，被作为人质带到了罗马并居住了将近 20 年。相较于希腊，罗马在那时可谓首屈一指的文化强国，波利比乌斯本人虽以人质身份居留，却在罗马望族西庇阿家族中得到了丰厚礼遇。在那里，他也得以从社会内部对罗马的制度进行全面的观察。波利比乌斯慨叹道，诚然，无论再怎么平衡的政治制度同样少不了权力斗争的存在，但与希腊的强度与频率相比实在不足挂齿。因此他也认为，正是由于罗马能将希腊内斗所消耗的精力花在对外活动当中，才能让自己成长为雄踞一方的势力。

古罗马共和政治宛如"群雄毕至"

如今我们所使用的"共和政治（共和制）"以及"共和主义"

等词汇，都起源于拉丁语单词"Res publica"。《广辞苑》（第六版）将"共和政治（共和制）"解读为："一种主权属于国民，并由国民所选出的代表共同商议并施政的体制。原则上，国民有权利通过直接或间接的选举方式推选出国家元首。"稍后，笔者将会讲解"共和政治"与"共和制"二词在使用方式上的不同。

"Res publica"一词在古罗马的语境中意为"国家"，而古罗马人基本都将自己的国家称为"S·P·Q·R"，即"Senatus Populusque Romanus"的首字母缩写，指"罗马元老院及其子民"，是古罗马主权者的象征词。该词中包含"元老院"与"民众"两部分，换言之，这不仅是一个国家名称，同时也是用以区分身份的符号。以元老院贵族等根正苗红的人身居高位为前提，罗马的领导阶级基本也由元老院全数掌控。

如前文所述，上映于 2000 年的美国电影《角斗士》以罗马帝国中期时代为舞台。片中由罗素·克劳饰演的主人公麦希穆斯在被罗马士兵追逐途中，有将手臂上的文身字样"S·P·Q·R"消去的一幕。对麦希穆斯而言，亲手抹除掉自己曾是罗马军队一员的痕迹，也意味着个体和罗马的彻底决裂。不了解"S·P·Q·R"含义的日本人很难体会到其中的情感，但对于意大利人甚至欧美人来说，"S·P·Q·R"等同于罗马帝国是不言自明的常识，因此只要欣赏过这一画面，便能很好地理解主人公为何要去掉文身的心境。在罗马帝国灭亡后，"S·P·Q·R"一词依旧以罗马市民光荣称号的象征在人群中广泛流传，如今罗马市内仍能随处看到的刻有"S·P·Q·R"字样的下水道井盖便是有力的证明。

　　除了"S·P·Q·R"以外，还有一个词同样被罗马人用以称作"国家"，那就是"Res publica"。"Res publica"起初只具备"公共"的含义，时过境迁后逐渐也带上了"国家"的色彩。意为公共与国家的"Res publica"之所以成为共和政治以及共和制度的词源，与罗马的国家运营采取了共和政治有关。共和政治在特征上属于某种由"意向积极的人"与"见多识广的人"组合的共议制度，并以此推进各类事项的实施。因此如今派生出代议制度的间接民主¹主义，在本质上依旧属于共和政治的一种，日本当前的政治形态也无非如是。

　　古罗马的共和政治与当今代议制度有着很大的不同，在于其代表并非通过选举产生。上文也略有提到，罗马社会存在着严格的等级与身份差异，国家政权由元老院贵族进行引领。而元老院贵族之所以能够身居高位，无外乎其大多属于家境丰厚且见识广阔的"优秀人才"耳。前3世纪前期，在希腊被罗马击破得节节败退的情况下，希腊派出调停战争的使节前往罗马讲和。当使节踏入元老院时，发出了这样的感慨："我在元老院里，

---

1. 代议民主制（Representative democracy）又称间接民主制（Indirect democracy），与直接民主制相反，是由公民以选举形式选出立法机关的成员（议员），并代表其在议会中行使权力（称为代议）、制定法律和管理公共事务。简言之，就是人民通过其代表来进行统治，而不是直接进行统治。在此种政制之下，"主人"与"主事"相互分离，统治者与被统治者的重合性身份被分开。

好像看到了成群的王者。"由此可见，元老院贵族气势之威严、仪态之端庄，说是人人皆为王者亦不遑多让，而他们除了身份高贵以外，同样符合"意向积极"与"见多识广"的要求。

综上所述，即便罗马内部确实存在一定的身份差距，但罗马的共和政治正是由这些"富有权威的人""意向积极的人"与"见多识广的人"所组合起来的。

罗马人为何重视"权威"

罗马的贵族都是富有"权威"的群体，但这份"权威"显然并非生而有之。罗马有关"权威"的内容又该进行何种解读？其内涵极其丰富，难以一言道尽，但总体上分为两大类：一为"家系"，二为"军功"；再者，漂亮高端的门面功夫也是支撑权威的要素之一。现代人的观念中大多认为内在比外表更为重要，但放到现实社会中，"外表"依然还是很吃香的。罗马人虽生性秉直，但也注重言行一致的品质以及高人一等的外貌，这对于权威的构建而言极其重要。

若要从现代人的范围内找到一个符合罗马"权威"要求的人，从简单易懂的角度来看（因各人喜好不同也可能会招致读者朋友们的反对，望见谅），日本国内当属石原慎太郎。严格来说他并不属于名门望族，但鉴于他曾获得芥川文学奖[1]，其弟

---

1. 芥川奖，正式名称为芥川龙之介奖，是为纪念日本大正时代的文豪芥川龙之介（1892—1927）所设立，并由主办单位文艺春秋颁发给"雅文学（纯文学）"新人作家的一个文学奖项，现今的主办单位已改为日本文学振兴会。

石原裕次郎¹又是大明星，大体可称作如同罗马贵族一般的身份了。而说到"军功"，不仅限于为其获得芥川文学奖的作品，石原慎太郎的其余诸多著作也广受好评；政治家时代立下的政绩同样可圈可点，在东京都知事选举中他曾获得 300 万张选票，换在罗马时代可谓赫赫战功了。另外，石原慎太郎身材魁梧，是硬朗派的男子汉，门面功夫也做得相当不错。

在这里笔者仅表达个人的观点，那就是罗马的名门望族或是社会名流之所以被世人所认可，除了其身份以外，优越的外形条件也已深刻地固定在罗马人的思维当中。罗马至今流传有"以权威行统治之事"的格言，政治不仅是权力的体现，同时对权威也提出了要求，这一点想必各位应该不难理解。正因如此，容易剑走偏锋陷入众愚政治的希腊式治理手段在罗马并没有市场，他们最终选择的仍是由"富有权威的人"所组成的共议制度，即共和政治。

然而在当今话语中，"权威"的内容也随时代变迁而改动，谁才是真正拥有着"权威"的人成了未解之谜。因此近代以后，以"共和"之名设立的三权分立²等不同制度，都力求让更多的

---

1. 石原裕次郎 (1934—1987)，日本兵库县神户市须磨区出身的著名演员、歌手，与美空云雀一同被视为"二战"后日本最具代表性的艺人之一，为"石原军团"（石原裕次郎的制作公司"石原 Promotion"的昵称）的领导人物及首任社长。
2. 权力分立 (Separation of powers) 是现代国家统治模式的一种，其设计将各种国家公权力分散，不使其集中在单一机关内，让这些分立机关产生互相制衡作用。这一名词首先由启蒙时代英国的哲学家约翰•洛克在其《政府论》中所提出，而这样的设计通常以法国哲学家孟德斯鸠后继提出的三权分立 (Trias politica) 而被熟知。

人参与到政治中来，是尚处于摸索探究阶段的"共和"，融入了"制度"的"制"字的"共和制"一词也就在这个时代背景中诞生。"共和政治"与"共和制"最大的不同在于，共和政治是基于权威的标准进行人员选拔的共议制度，而共和制则通过选举来决出代表者去参与共议。也就是说近代以来，"富有权威的人"的意义已经转移到了由选举推选出的代表者身上，且得以正当化。各位读者在理解罗马历史时，也务必要明确罗马所行使的仅为"共和政治"而非"共和制"这一点，切记切记。

为何不是雅典与斯巴达，而是罗马成了强国

上文提到，希腊的讲和使节将罗马元老院称为"群雄毕至"的场所；与注重"权威"的罗马相比，希腊更为强调"平等"的重要，也不会在身份区别上着墨太多。当然，希腊同样存在贵族群体与平民阶级的表象，但即便现实中存在差异，尚不至于摆到台面上讲。希腊在前5世纪前期的克利斯提尼改革中没有做到完全贯彻民主政治，导致仍有一部分选拔是通过抽签表决进行的，其理由倒也不是空穴来风：如果开展选举的话，就会出现暗箱操作控制选票的人，有失公平，还不如一不做二不休地直接来抽签更为妥当。

直接民主政治的最顶峰出现在前451年，伯里克利从这一年起开始推行新规定，但凡父母有任意一方不属于雅典籍贯，则该人也不能拥有雅典的公民权。在此之前，公民权的确立只

需父亲一方为雅典人即可。如此一来，真正能称作雅典公民的群体就收窄至父母双方皆为雅典人的婚生子女。此法案不仅对当前的外来人口及其子女有效，也适用于后世子孙。长此以往，雅典公民的流动性也大大减少，基本不再产生人口变动了。雅典在伯里克利这一法案出台后才步入较为封锁的状态；而斯巴达则变本加厉，很早就开始实行严格的闭关锁国体制。

这里所说的闭关锁国绝非像江户时代的日本那样完全断绝国家交往，只是拒绝一切外来人口进入城内的"封闭"状态而已。斯巴达的总人口中，拥有斯巴达公民权（18 岁以上成年男子）的仅有 1 万—2 万人，剩余的为其 5—10 倍的大量人口皆归为劣等公民（或称作隶属公民）。斯巴达虽有成形的平等观念与民主主义存在，但也不过是拥有公民权的那 1 万—2 万人才能享有的权利。而雅典这边虽不似斯巴达那样施行十分彻底的闭关锁国制度，然而整体的平等观念与民主主义依然是雅典市民的专属物，且基本也对外人关门谢客，从外部看来还是相当封闭的。

不断推进着民主政治的希腊，通过抽签的方式对参选官职的人细细甄选，乍一看这个方法似乎相当不错，但实际上在某些时期也出过岔子。时间一长，就正如柏拉图与亚里士多德所批评的那样，人员能力的参差不齐会滋生出许多矛盾，制度也最终失去效用。讽刺的是，在实践民主政治理想的道路上用力过猛的希腊，反而获得了对民主政治更为不利的评价。

罗马则与希腊反其道而行之，对罗马公民权持完全开放的态度，即便外来人口再如何涌入，都会被接纳为罗马的新市民，一视同仁。随着开放程度不断深入，以卡拉卡拉浴场而闻名的卡拉卡拉大帝[1]在212年宣布罗马帝国境内所有自由民都被授予罗马公民身份。自此，罗马国内除了奴隶群体以外，全体自由民都成了罗马公民的一分子。当然，由于罗马帝国时期还保留有尊重元老院共和政治的传统，所以即便身为罗马公民，也并不意味着能够直接参与到国家政治中来。补充个题外话，与"民主政治"相对的概念就是"独裁政治（君主政治）"。

为何偏偏是罗马——既不是雅典，也不是斯巴达，更不是其他千千万万的"Polis"（城邦）——最终成了强国呢？众多原因中，笔者认为最可信的只有一个：罗马之所以能一枝独秀，完全因"唯有罗马保持着开放的态度，而其他'Polis'（城邦）却只会一味地闭关锁国"所致。但我们也必须明白，罗马的开放政策是建立在国内等级森严的身份阶级差异上的。希腊由于过度注重平等，所以才会对外界的声音充耳不闻，生怕有外人闯入打破这一平衡；而罗马固化的特权阶级历史悠久，外部的影响自然亦微乎其微，罗马公民权的开放与否同样不痛不痒。罗马与希腊诸"Polis"（城邦）的内部构造，就正如这般天差地别。

---

1. 卡拉卡拉（Caracalla, 188—217）是塞普蒂米乌斯·塞维鲁的大儿子和罗马皇帝（198—217年在位）。他通过杀死其弟弟塞普蒂米乌斯·盖塔的支持者来巩固他的皇位。

以罗马与威尼斯为例，探讨共和政治的利与弊

纵观世界历史，唯有两个国家的共和政治持续了 500 年以上：一个是古罗马，另一个则是中世纪的威尼斯共和国 [1]。古罗马自凯撒登基后逐渐转向独裁政治（君主政治）模式，但在此 500 年前罗马还属于共和政体国家。而威尼斯的共和政治历史更为绵长，自 7 世纪末起到 1797 年为止，超越千年的岁月中，威尼斯都在持之以恒地恪守着共和政治——这个现象着实非常有趣。

罗马共和政治里虽有公民团体的存在，但最终决定权还是取决于拥有最高权威的元老院；威尼斯共和政治中同样也有最高领导人，但是他们推选领导人的方式则颇为别致。首先，在全体公民当中挑选出一部分人，这些人通过抽签来决定谁才能获得真正的投票权。随后，拥有投票权的公民才通过实际投票，来决定究竟谁是最符合领导人角色的人选。威尼斯人就是通过这种稍显繁琐的方式，来尽可能地将一切无所作为的人选排除在外，选贤举能并最终决定属于自己的领导者。另外，威尼斯共和政治在进行真正的运作时，没有必要事无巨细地与议会商讨、审议和研究，基本就靠领导班子的六个助理与领导人来开展内部讨论并解决问题。领导人虽然手握最终决定权，但在流程上还是会优先进行必

---

1. 威尼斯共和国（Serenissima Repubblica di Venezia）是意大利北部威尼斯人的城邦，以威尼斯为中心。它存在于 8 世纪至 1797 年。拉丁语称其为 Serenissima，意思是"最尊贵的"，圣马尔谷狮子为其国徽象征。

要的共同讨论，这一程序在威尼斯共和政治中还是备受重视的。

在没有任何"皇帝"的情况下，威尼斯共和政治就这样平稳安定地持续了 1000 年。但是这里还有一种可能，那就是威尼斯共和政治说不定仅在内部得以施行。威尼斯因地中海贸易而繁荣兴盛，当地人也多有外出贸易的倾向，威尼斯在他们眼中不过是落脚的据点，所以威尼斯也从未有过任何国土扩张的行为；相比之下，罗马不仅是共和政体国家，更在原有基础上不断地开疆拓土，蔚为壮观。共和政治在本质上也是共议制度，解决问题的速度比较慢是所有共和政治模式的通病。国土辽阔的罗马帝国为了追求行政效率，只能交给皇帝这样的独裁者来处理了。

效率低下是共和政治的必然缺陷，但它也并非一无是处：共和政治的推行能有效地抑制独裁与革命现象的发生。罗马在很长一段时间内都曾忧虑独裁者是否会出现，但实际上整个共和政治时期都处于平安无事的状态中。大西庇阿在战争中大败汉尼拔后，民众皆拥护其为救国英雄，而人群中也爆发出了对其人气表示质疑的声音。诚然，并不能排除有人在嫉妒英雄所取得的成就，但对大西庇阿是否会变成独裁者的猜疑与畏惧，也是当时社会中存在的一个重要观点。基于共议制度的共和政治要求任何事情都必须通过共同讨论后方能解决，而这种意识同样在不知不觉中深入人心，所以共议制度基本都在循序渐进的步调中不断发展，难以成为独裁者或者革命出现的土壤。

另外，罗马原有的等级差距（如元老院阶级与民众之间的差距）实际上对国家成长而言反而是一大幸事，两两相安各居其所，至少在前 1 世纪凯撒上台之前，罗马从未有过反目成仇的军阀派系斗争。真正让罗马共和政治陷入灭亡境地的罪魁祸首实则为名叫凯撒的最高领袖，他的登场让原本牢不可破的元老院出现了新的裂痕。当今世界各国所采用的共和政治制度，都是在历史的经验中取其精华、去其糟粕，摒弃了独裁以及革命等一切不良要素后才诞生的优秀事物，先前出现过的问题也就不值一提了。

共和政治在日本水土不服的缘由

刚才笔者提到，日本的政治形态若说是共和政体倒也不假，但观点普遍认为，日本从未存在过真正意义上的共和政治。实际上，日本在远古时代已经出现过对共和思想的记述了，那就是日本众人皆知的《十七条宪法》[1]。这部由圣德太子[2]在飞鸟时代[3]所制定的法典第一条就赫然写着"以和为贵"，其想要表达的内涵想必就是"共和"的本质所在吧。然而另一方面，与

1.《十七条宪法》是在日本推古天皇十二年（604）所制定的 17 条条文，相传是由圣德太子制定的。其内容与如今的日本宪法不同，主要是对官僚和贵族的道德规范和佛教思想的描述，是迄今所知的日本法制史上第一部成文法典，但其并非现代法律意义上的宪法。

2. 圣德太子（572—621）是日本飞鸟时代男性皇族，推古天皇在位期间的政治改革推行者。

3. 飞鸟时代基本上是指 7 世纪的日本，具体而言是 592—710 年之间的时期，也有人认为其开始阶段可更早至 538 年，和前一时期的古坟时代后期相重合。

共和政治截然相反的"御上"观念，却在日本人的观念中根深蒂固。有人觉得，在罗马等级分明的身份阶层当中，元老院贵族不就是与日本的"御上"不谋而合的概念吗？这一观点笔者虽无法判断其正误，但日本民众对于"御上"的感情和罗马民众对元老院的态度差别还是相当大的，其中最显著的区别就在于罗马在面对元老院时能够畅所欲言。在古罗马留存的涂鸦痕迹中，能看到大量针对元老院的坏话与发泄的语句；但在日本，如果对圣上发表妄语，便会遭受到严厉的刑罚，所以在日本基本不可能会发生这种事情。

另外，这也受到东西两方执政者本身性质不同的影响：一边是深入群众展现风采的西方君主，而另一边是垂帘听政神秘莫测的东方领袖。文化背景的差异，与民主主义能否在这片土壤上诞生息息相关。罗马无论身份高低，即便是皇帝也得在民众面前抛头露脸，与此同时民众也在注视着皇帝的一举一动。民众对皇帝的态度如有微词，尽可心平气和地进行批评；而皇帝同样需要维持在民众当中的人气，以求稳固其统治。他时刻关心着自身受欢迎程度的高低，适时地在民众当中出现，无论做什么都投民众之所好。这个罗马的传统，至今还在西欧各国流传着。

笔者曾多次在海外观赏赛马比赛，也在英国的雅士谷赛马场 [1]

---

1. 雅士谷马场（Ascot Racecourse）于 1711 年建成，是位于英国伯克郡雅士谷的一个马场，与英国皇室有着密切的关系。主要举办平地及国家狩猎跳栏赛事。

屡次目睹伊丽莎白女王[1]的尊容。在名为"英皇乔治六世[2]及女皇伊丽莎白锦标赛"的大型赛事里，伊丽莎白女王也必定会进入马场之中，所以此时无论是谁，都能在仅有1—2米的位置看到女王是如何走过通道的——这种近距离的体验在日本是无论如何也感受不到的。日本虽也有天皇陛下光临赛马场的机会，但大家只能从现场大屏幕当中看到位于贵宾席的一个身影，仅此而已，单是这点就足以体现出日本文化与西方文化之间的不同；由此也能说明共和制在日本无法生根发芽的深层次原因。

昔日的日本不说皇亲国戚，哪怕是贵人的姿态与尊容也不为多数人所知，基本就是居于幕后，绝不轻易让人看到。通过这样的手段，他们就能够维持自身的神秘性，也能在民众当中酝酿出"不可妄议尊上所行之事"的意识与观念。另一边的罗马虽设有身份等级方面的限制，但天子却宛如身边旧友般理所当然的亲切存在，面对皇帝的行动同样也能放开手脚来评价。正如早前所提到的那样，古罗马诗人弗洛鲁也曾写过一篇作品，

---

1. 伊丽莎白二世（Queen Elizabeth II，1926—），本名伊丽莎白·亚历山德拉·玛丽·温莎（Elizabeth Alexandra Mary Windsor），为英国与其他15个国家的现任君主，以及英联邦的现任元首。

2. 乔治六世（George VI，1895—1952），原名艾伯特·弗雷德里克·阿瑟·乔治（Albert Frederick Arthur George），英国国王及众英联邦自治领皇帝，1936—1952年在位。乔治六世亦为首任英联邦君主。

专门用以抨击五贤帝之一的哈德良。每每我们听到罗马皇帝这个词，便条件反射地认为他们都是与庶民百姓毫无瓜葛的角色，实际上并非如此。罗马皇帝中与民众有着亲密接触的绝不是少数个例，即便是以"暴君"之称而臭名昭著的尼禄其实也经常在百姓面前引吭高歌，相当受欢迎。

连皇帝都与民众保持着如此亲近的联系，从罗马派遣至各行省的总督等人又怎能缺席？美国电影《宾虚》中，作为战车比赛开始的信号，犹太行省总督庞提乌斯·彼拉多[1]在民众面前丢落了手帕。我们不能确定历史上他是否做过这样的事情，但即便有也是不奇怪的。行省的总督身为罗马皇帝的代理，在形式上与皇帝在罗马当地的言行举止保持一致。也有一说，哈德良皇帝本人曾亲历巡访各行省，以各种各样的形式在民众面前展现人格魅力。法国大革命时期，玛丽·安托瓦内特[2]王后走出阳台，并在蜂拥而至的民众面前进行了演说，这想必也考虑到了身为执政者向民众展露姿态的重要性吧。后来当其配偶

---

1. 庞提乌斯·彼拉多（Pontius Pilatus，？—36）是罗马帝国犹太行省的第五任总督（行政长官，26—36 年在任）。他最出名的事迹是判处耶稣钉十字架。由于总督的职责，他是罗马皇帝在犹太地的最高代表。
2. 玛丽·安托瓦内特（Marie Antoinette，1755—1793），早年为奥地利女大公，后为法国王后。她是神圣罗马皇帝弗朗茨一世与皇后玛丽亚·特蕾西亚的第 15 个子女，在所有子女中排行倒数第二。1785 年项链事件公诸于世后，安托瓦内特的民望滑入谷底。大革命发生后，她被称为"赤字夫人"（Madame Déficit）。

路易十六[1]皇帝被送上断头台时，这位皇帝生前的最后时刻照样被广大民众看得清清楚楚；日本虽也有类似的公开处刑场合，但基本都作为处死犯罪者的展示行为，像执政者等高层人物被杀害之类的画面一般并不公开。

在西方，于民众面前亲力亲为地展现自我，这象征着执政者的应有权威；而东方执政者的权威感却恰恰来自于不展现真容。实际上，无论民众的意见是否会被采纳，他们能近距离地对当权者的政治举措进行评论的现象，本就孕育着民主主义的思维。这种思想的土壤在古希腊与古罗马时代便得以深耕，对于在明治时代才初触民主主义的日本人来说，想要快速理解确实是强人所难了。

民主主义的终极理想，莫过于如雅典所实现的那种"直接民主制"，但如今倡导"民主主义"的国家大多是议会制民主主义（也称代议制），被民众选出的代表者受委托参与到政治活动中来。代议制虽然并非民主主义最为理想的状态，而鉴于直接民主制在国民超过一定数量时基本等同于失效，所以实行

---

1. 路易十六（Louis XVI, 1754—1793）原名路易－奥古斯特（Louis-Auguste），亦名路易·卡佩（Louis Capet），法国国王，1774年即位，1791年后正式头衔更改为法国人的国王，1792年被废黜，并于次年1月21日被送上断头台。其父法兰西太子路易为路易十五之子及继承人，但于1765年早逝；1774年，路易继承其祖父王位。

代议制也是不得已而为之的选择；另一方面，共和主义则是生来便以代议制作为前提。今天大多数民主主义国家都采取了代议制，因此稍有不慎便容易混淆概念，但必须明确"共和政治"的主权者并不等同于国民全体。毕竟，古罗马与中世纪的威尼斯都是在富有权威与拥有见识的贵族群体当中选出代表者的。

如前文所述，笔者之所以到现在依然将"共和政治"一词挂在嘴边，是考虑到"共和政治"与"共和制"之间存在差异的缘故。在历史学中，通常将"共和制"用于近代以后的事件，而古代史（包括罗马史在内）则普遍使用"共和政治"一词。古代尚未确立如近代所提倡的"三权分立"等政治制度，而罗马的共和政治都在元老院的强力支配之下，即便罗马社会中存在由普通市民组成的"民会"团体，但对于有最终执行权力的元老院而言影响微乎其微。我们会对共和政治之下贵族所占据的压倒性优势感到困惑，只不过是因为我们如今生活在一个没有"身份等级制度"的年代罢了。即便存在"身份等级"的差距，共和政治依旧得以成立。当然，像社会主义国家那样国民全员平等的共和政治也得以兴起。

第 7 章

一切历史都是当代史

——识古知今

历史不被阅读则毫无意义

历史究竟是什么？

英国历史学家爱德华·哈利特·卡尔[1]在其著作《什么是历史》（*What is History?*）中有如下这番话：

> "历史就是历史家与事实之间不断相互作用的过程，也是现在与过去之间永远无法道尽的对话。"

正因历史属于"对话"，寻找合适的共同语言尤为重要，然而在进行对话沟通的过程中，现在与过去之间往往横跨着深不可测的隔阂，那便是"常识上的差异"。笔者在第5章中，曾论述过古人是如何通过听取"神"的声音来实施行动的。对于古人而言，听得到这些"声音"是理所当然的事情，而从现代人的常识来看这显然不易理解。如果常识上存在差异，实施行动

---

1. 爱德华·哈利特·卡尔（Edward Hallett Carr，简称 E.H. Carr，1892—1982），英国历史学家、国际关系学者，也是国际关系中的古典现实主义理论的奠基者之一。

的判断基准自然也大相径庭。

　　为了能够从更为感性的角度去理解古人的言行，身为历史学家的我们一直致力于从时代固有的感性出发，最大可能地还原其意识及行动的表现。从学者的立场上说持这种观念自然无可非议，写论文的亦大体如是，但要是将这种风格延续到普通书籍的撰写上，读者必然寥寥。历史学家所写的历史书一般都比较枯燥乏味，原因也在于此。序章中提到托尔斯泰曾对历史学家展开了激烈的批评，以"让我来教教你们怎么写历史书"的气势留下了旷世巨作《战争与和平》。比起专家学者的晦涩言语，作家写的历史书确实相对易读，理解起来也不难，更为接近当代人的感性需求。

　　题材不仅限于罗马史，当我们阅读以前代与近代为题材的作家著述时，也时常能看到一些表述"占卜"以及"征兆"是如何左右思想的内容，但多为蜻蜓点水浅尝辄止，毫无提及古代人以及中世纪的人究竟是以何种心态去接触"占卜"与"征兆"的。结果自然也可以想见，若大家以当代人的心态去阅览这些文字时，满脑子必然只会留下"古人心智未开、十分迷信"的印象；而真正懂行的历史研究者并不会仅仅停留在表面，他们甚至能针对"占卜"与"征兆"进行深入解读，揭示这些现象对于当时人类日常作息产生了怎样的影响。

　　前44年3月15日这天，凯撒的占卜师曾告诫凯撒，到该日结束为止都必须谨言慎行。当凯撒走出大门时，他转过身嘲弄占卜师："你这个大骗子，3 月 15 日都已经到了，这不是什么都没有发生嘛！"但是占卜师回了一句："凯撒陛下，3 月 15 日这一天还并没有结束。"不久后凯撒抵达元老院，随即被暗杀。

这段文字描述既包含了凯撒与占卜师之间的对话，实际上也是记载这段历史的罗马历史学家苏埃托尼乌斯[1]在感性与思考上的反映。不仅是苏埃托尼乌斯，西塞罗与波利比乌斯等有识之士对于"占卜"与"征兆"等现象都是相当看重的。从笔者的角度来说，如果讲解不能够深入到这个程度的话，是绝不能理解罗马人真正的情绪的；但如果不分轻重锱铢必较地展开论述，就可能会有读者思维跟不上的危险。该如何是好？

战后日本著名西方经济史学家大冢久雄[2]曾被问及"历史写得正确与写得易懂究竟哪个更重要"，他斩钉截铁地回答："请务必写得通俗易懂些。"无论是多么精确无误的史实，若不能引发读者的阅读兴趣，亦毫无意义。笔者由这个原则得出的解

---

1. 苏埃托尼乌斯（Gaius Suetonius Tranquillus，约 69 或 75—130 年之后），罗马帝国时期历史学家，属于骑士阶级。他最重要的现存作品是从凯撒到图密善的 12 位皇帝的传记，即《罗马十二帝王传》（De Vita Caesarum）。其他作品内容包括罗马日常生活、政治、演讲、著名作家（包括诗人、历史学家、文法家）。这些作品中仅有少数流传至今，其余都已散佚。
2. 大冢久雄（1907—1996），日本的历史学者。曾任东京大学、法政大学教授，日本学士院会员。其历史学方法将马克思经济学与韦伯社会学相糅合，自成一派，一般称为"大冢史学"，与政治学者丸山真男的"丸山政治学"并称为日本战后民主主义的代表性学说。

决方案是，从一开始就先站在"一切历史都是当代史"的立场上再说。历史展现的虽然是过去的事件，但它经常被放在"现代"的滤镜下剖析。所以，如何通过现代的力量去最大限度地讲好历史，是一个重要的努力方向。实际上，烟波浩渺的历史记载中或多或少地受到当时的价值观、常识与国际形势等等内容的影响，作家的作品自不必说，即便历史学家再怎么努力去试图重现其时人思想，也无法做到百分之百契合，充其量是现代人对当时真实情形的趋同式解析。

因此我们唯有认识到"一切历史都是当代史"，才能在享受历史的同时，探寻到更为深层的历史真相。

学习历史，窥见未来

已经站在"一切历史都是当代史"立场的我们，还能够看到一样东西，那就是"当下"。实际上，如果想要正确理解"当下"发生着的事情，从历史角度着力是尤为必要的。因此，未来将要担当起我国建设大任的各界精英们，都应该先花时间好好地学习一下历史——但遗憾的是，现在的社会主流有轻视历史的倾向。

为何大家都对历史敬而远之呢？讲述历史所需的大量知识储备可能是其中一个原因。例如，哲学与宗教等内容与历史相比，并不需要对大时间跨度内的知识体系有所了解。当然，哲学与宗教的学问还是相当深奥的：如果无法区分一神教与多神教，那么宗教的来龙去脉也就无从谈起。但是在这个领域所需的知识数量与深度，都不能与历史学科相提并论。

此前日本人在学校中学习的历史大多无聊枯燥，主要是以应试为目的而导致的怪象。无论是历史教科书或是历史课本身，讲述的时间线都是从古代到现代一路通行。而像"今天是这样的，但过去又是如何的呢""如今变成这样的契机究竟是什么呢"这样，由今及古地阐述其中的思考与因果关系的设置，可以说几乎没有。结果，古代史就只停留在古代史，而对中世纪历史的探讨又自成一派，互不关联毫无瓜葛，历史也就变成了一门纯粹靠死记硬背来学习的乏味科目。可历史，原本就是未曾中断而持续发展的概念呀。

眼前所发生的所有问题，在其背后绝对有相关的历史原因存在。进一步讲，正如"罗马的历史中凝缩了人类的所有经验"这句话所象征的那样，我们目前所面对的大多数问题，都已经在人类历史上出现过了。所以通过学习历史，我们能够准确地预测今后的动向，并从中找到解决办法。如今的欧洲难民问题同样如此，我们只要回顾一下日耳曼民族大量涌入罗马帝国后所发生的事情，大致也能猜测到往后德国将会遇到什么样的困难。日耳曼人初踏罗马土地时，居无定所的他们纷纷加入了军队，并且此后有部分人在军队中身居要职。如此一来，罗马人群体中便发出了无法认可该高层的声音，彼此都看对方不顺眼，国内也就陷入一盘散沙的状态了——恐怕今后德国也难逃一劫。曾经闯入欧洲的日耳曼民族是如今德国人的祖先，而日耳曼的后裔们如今却又在苦于异民族的不断流入，可谓历史的轮回。

世界史中的民主主义

欧洲自古以来便不乏民主主义发展的土壤，即便统治者如何进行高强度压制，也不得不对民意让上三分，像现在英国退出欧盟的问题显然也是这种本质的体现。另外，欧洲还拥有"罗马法"的传统。起初罗马法仅在国家的中枢机构施行，然而随着国土不断扩大，罗马法也被引入到解决人民日常的矛盾冲突中，民法由此发展兴盛，以民主主义的手段执行事务成为了普遍的共识。

罗马在起初也通过军事力量维持国家的正常运作，但后续由刑法逐渐演变为以民法服人。

问题究竟出在什么地方？这个问题虽难解答，但笔者依旧保持与先前一致的观点，那就在于二者对"权威"的不同理解上。本书中已经多次提及相关内容：西方的执政者通常以真面目示人，通过各种各样的活动来展示自己是优秀的执政者、杰出的大人物。由此一来，唯有那些懂得如何取悦民众的人，以及从民众身上获得优良评价的人才能够建立威信并拥有权威；但日本的君主则通过在百姓面前隐藏身份的方式来培育民众对于高层的敬畏心理，从而使其权威稳固建立。这种名为"畏惧"的恐怖感常常与权威相伴相生，日本的刑法中令人闻之不寒而栗者亦颇多，或许与该传统有着密切的联系。

　　西方执政者乐于容姿为人所见，其背景是早期诸“王”为海上渔民所灭，剩余周边村落的“damo（村居、村民）”及其领导者集体“Kuashreo”由此建立起全新的城邦国家。到了古希腊时期，“Kuashreo”一词转变为具有“王”的意义的“Basireos”，“damo”则演化为组成“Polis”（城邦）的机构“demos”，而“demos”也成为了后世“democracy”（民主）的词源。所以说民主萌芽于此，毫不为过。“Basireos”和“demos”之间的关系与法老和百姓之间的关系大有不同，其亲密无间不过起源于最初的村落管理者和村民而已，而日本则从未有过渔民攻击皇帝或王宫之事，所以绝对至高无上的君主形象与俯首顺从的民众姿态由此定型。

中世纪为何被称作“黑暗时代”

　　对于同一段历史的评价，会因为时代的不同而产生变化，而这也正是“一切历史都是当代史”的其中一个侧面。世界史以辉煌的古埃及文明、希腊文明及罗马帝国为华丽的开端，而古代的终结却迎来了约 1000 年左右的沉寂，才又涌现出文艺复兴与大航海时代（大交易时代）之荣光，因此过去的中世纪欧洲常被称作“世界史中的黑暗时代”，“中世纪即黑暗时代”的印象也出自于此。

　　但最近，世界历史的中世纪章节陡然改头换面，以“中世纪即黑暗时代"为前提开展研究的学者基本已寥寥无几，这得益于对中世纪研究的不断深入；而日本国内在研究世界史时所采取的角度与方式也促成了这一转变。日本在第二次世界大战中败北后，社会整体反思的思潮兴起，战后对民主主义的追捧及礼赞风靡一时，因此对于中世纪封建社会有着较国际水准更为消极低下的评价。

日本的世界史研究领域起步于明治维新时期，而该时期的民主主义近代化尚未波及市民生活领域，稍有跑偏的倾向。其间，也曾出现过诸如"大正民主"[1]一类的民主主义萌芽，但日本未能成功踏入正规，并转向军国主义一路狂飙：日本美名以救助与解放受欧美列强所殖民的亚洲地区人民，实则凭"大东亚共荣圈"[2]盟主之身对亚洲地区大开杀戒。这一名号在日本战败后随即被拂拭，而战败伊始日本即开始风头大转，将精力放在培育和发展民主主义之上并不断迈进。该如何在从未有过民主主义土壤的日本建立起新的制度？为了解决这个问题，日本在战后花了大概 20 年时间持续地惨淡经营，而正是在这段时间内，对世界历史的价值观判定也产生了极大变化。最终呈现在历史

---

1. 大正民主意指 1912—1926 年于日本大正年间所推行的符合现代民主的政治体制与政策。在第一次大正政变后，日本内阁多为政党政治的互动，内政上以民意所趋为主。
2. 大东亚共荣圈，或东亚新秩序，理论基础之一为大日本帝国在第二次世界大战前提出的亚细亚主义。其覆盖地区包括东亚、东北亚、南亚和大洋洲等地，主张在日本的带领下，建立"共存共荣的新秩序"。1945 年日本投降后，随之解体。

教科书上的，便是古希腊如何提倡民主政治、近代英国工业革命的兴起中民主主义的发展轨迹及成长道路、不列颠内战[1]与法国大革命对于民主思潮的推动等等内容，对中世纪的历史内容持摒弃态度也正源于此。

中世纪是封建社会的时代，而日本同样经历过封建社会的洗礼，况且，当时人们正在努力探索如何将自古以来的封建价值观从现代社会中抹除掉，在这风口浪尖上，又有谁会花心思去研究欧洲封建时代的种种历史呢？诚然，欧洲近代的民主主义发展起源于其封建时期的驱动，观察并分析欧洲如何从封建社会逐渐演变为民主主义社会理应是相当重要的课题，但急于快速扶植民主主义的日本人并未将关注重点置于此处，而更多地将精力放在片面的民主主义教育之上。半拉半扯的状态之下，战后日本依然能快速走上民主化的高速路，与这种历史教育的倾向不无关系。如今的亚洲地区之所以仍有许多国家未能实现民主化，缺乏实施彻底的历史教育的信心是一大要因。

世界史中的两段"黑暗时代"

一说起"黑暗时代"，大家首先想到的就是中世纪；而

---

1. 不列颠内战，或称为三国之战，是一场在1639—1651年发生的战争，当中包括数场战役，如较为人知晓的英国内战。而类似的骚乱也同时在欧洲一些地区发生，例如当时法国的福隆德运动。

历史上还存在一段被称作"黑暗时代"的岁月，那就是位于前1000年前后、约300—400年时间的古希腊时期。所谓"黑暗"，其一是指其遗留史料甚少，几近于无；其二则是当时古希腊不存在任何大型政权，举目皆是四处分散的小规模势力，一片混乱。而在小型政权各自割据这一点上，无论是中世纪还是古代的黑暗时代，做得都差不太多：中世纪的欧洲在名义上虽有神圣罗马帝国，但其力量已不复往昔罗马帝国之盛，而大小封建诸侯们都拥有各自的天地。而正是这种相当令人费解的混沌状态，才使得其与"黑暗时代"一词紧密相连。

有趣的是，在群雄割据的局面中，各地的新星也缓缓升起，古代所谓的"黑暗时代"由此又被称作"英雄时代"，但同样混乱不堪的中世纪就不曾有过这种待遇。究其原因，还是因为"黑暗时代"之中世纪本身所面对的"环境"问题所致。中世纪的时间跨度自西罗马帝国灭亡起至10世纪为止，其中4世纪—5世纪时世界进入了大规模的低温化进程，成了民族大移动的一大契机，并且这场低温还往后又持续了五六百年。在温室栽培技术出现之前，环境气温只要降低两三度，就会给农作物带来不可挽回的深重影响。该影响程度之深刻，曾引发了各地的饥荒以及人口急剧减少的现象。

有一种产量测量标准常被采用：种下一粒麦子，最终能够收获几粒麦子？而根据当时的记录，收获最少的时候一粒麦种仅能收获5粒麦子；而古代的苏美尔文明虽已达到了70粒的傲人成绩，但同样也经受过中世纪前期低下的农业生产率的影响，否则远不止这个数值。

另外从罗马帝国时代后期开始，内陆地区的开拓使得海洋的使用次数锐减。只要物资与材料能够运抵当地，居住在内陆地区并无任何不便——但如果这些资源必须从远方调配运送，耗费的成本则将会呈指数级上升。根据测算，相比起利用船舶进行海路运输，陆路运输所要耗费的成本是其 25 倍有余。陆路运输高昂的成本之下，人们只愿意在居住的区域储备当地所需的基本物资，与偏远地带的交易也日益减少。这种生活条件维持一代还好，但如果不断持续下去，以往得心应手的诸多技术如造船与驾驶技术，都会在时间流逝中不断遗失。气温低下致使作物的产量减少，同样减少的还有人口数量；困在内陆地区的人们过着日复一日的单调生活，技术水平以及以往的商业航线等等都随着时间飘散在空中……中世纪的黑暗时代正是在这种持久的恶性循环中陷入万劫不复之地的。

欧洲真正从"黑暗时代"中抽出身来，是在 1000 年左右即所谓的"大开垦时代"，其起因也似乎在冥冥中注定了：气温开始逐渐回暖。另外，"三圃农作制"[1] 等新型农耕技术的引入

---

1. 三圃农作制（three field system）是一种农作耕种制度。一个典型的西方农庄耕地大致分为春耕用、秋耕用、休耕用三部分，不断轮转。如此一来，每块土地在连续耕种两年之后，都能够休耕一年。

也大幅提升了农作物产量。所谓"三圃农作制"，是一种将耕地分为"春耕用地""秋耕用地"以及"休耕地"三部分并不断轮换的农作制度。这能够使土地长期保持最佳状态，产量也能得到保证。其中，休耕地也并非完全放置不管，人们往往会在休耕地上放牧各类家畜，其粪便等排泄物有助于土地恢复肥力。再者，新型农具如锄头与牛羊驱动的轭犁等也得到了改良，伴随着气温的不断上升，农业生产能力开始快速回血。兴起于12世纪后的文艺复兴运动若没有先前的农业水平提升作为基础，是绝不可能实现的。

毋庸置疑，由于遭受气候变化的影响，中世纪前期的人口数量低迷与文化发展停滞等现象是不可避免的实情，中世纪最开端的这500年被称作"黑暗时代"也并不冤枉。然而到了11世纪，气温回升与农业技术水平的进步奠定了物质极大丰富的社会基础，并在历史上留下了文艺复兴这一不可磨灭的印记。由此看来，"中世纪即黑暗时代"的观点还是不完全准确的，中世纪并非只有单调的色彩，而应看作"黑暗前期"与"辉煌后期"的结合体，这样想必会更易于理解。

第三次世界大战的漩涡到了吗?

学习历史应该做到识古知今，将过去的知识运用到现在的生活中去；也正因如此，拥有一双将目前的事情放到过往历史中仔细对比的"慧眼"尤为重要。但在回顾历史时，我们常常会用"现代"的目光去审视一切，而预测未来时却依旧摆脱不了"现代"的桎梏。所以，这种能力虽说起来容易，但做起来极为困难。

叙利亚骚乱爆发的 2011 年，笔者恰好也正打算去那里一趟。政府军与反政府军之间的武力冲突于 2011 年 1 月打响，直到 4 月份之前，身边的伊斯兰研究者都让笔者尽可放心出行："那个地区可有阿萨德坐镇呢，这么丁点事儿不会导致地区分裂的。"然而一语成谶，仅仅一个月后，叙利亚地区的局势便急转直下，笔者的叙利亚之行也就此泡汤了。很遗憾，对于叙利亚所发生的风云变幻，那时的我们是绝对无法预料到的——而在这场混乱中，IS 势力也趁机抬头。IS 势力在此之后迅速扩张，其摧枯拉朽之势让笔者不禁想到了仅用一代便大杀四方的成吉思汗。

历史中从来不缺那种能够召集群雄并共创事业的豪杰，而仅用一代的时间便奠定了蒙古帝国根基的成吉思汗绝对是其典型代表。只要有某个人拥有巨大的人格魅力和得力手腕，身边自然就会聚集起一批能人巧匠，往后的斗争也就扩大至己方势力与外界的对立中了。换句话说，如今 IS 势力鼓捣出的动静，正如当年蒙古的游牧民族们在成吉思汗的引领下所掀起的波澜。当然，我们无从知晓 IS 势力是否拥有像成吉思汗那样具有伟大人格魅力的领袖，但从他们建立起了一个成形的国家来看，必然拥有着颇为可观的集结能力。这场风波最终会将局势引导至何处去？在考虑这个问题的时候，有必要准确洞察眼前所发生的一切的本质。

这个世界如今正面临着什么？

笔者有一个耸人听闻的论断：我们如今已身处第三次世界大战的漩涡之中。

以往在提到"第三次世界大战"时，大致都有一个成形的印象：世界各有核国家在互相敌视的同时也将周边各国卷入了纷争，原子弹与氢弹的声音不绝于耳、你来我往，这种印象与1962年的古巴导弹危机的爆发不无关系。距危机过去已有半世纪，到了当下，人们心中都十分清楚：要是真的爆发了第三次世界大战，人类必然将步入灭亡。因此，贸然发动热战是极为不现实的。但这是不是也说明，如今的世界"战争形态"已在不知不觉中改变了样貌？在世界各地造成了大量死伤的大小型局部战争与恐怖主义袭击等等，恐怕才是"第三次世界大战"的真面目。在全世界都笼罩在恐怖主义阴影的背景之下，若这真的属于新的战争形态，恐怕战况也一时难以止息，如百年战争般持续多年也未可知。

虽说 IS 势力才是当今所有问题的终极根源，但仅靠 IS 自己是无法召集到如此多的成员的，里面必然也包含了一部分对现状怀有不满与反感之情的社会底层阶级。在这种情况下，即便将 IS 势力全数剿灭殆尽，招致不满和反感的源头又得不到根本性解决的话，新组织的诞生只不过是时间问题而已。而国家与国家之间宣战，士兵们在战场上厮杀之流……都是些陈芝麻烂谷子的套路了。1991 年海湾战争期间，笔者在电视中看到美军精准轰炸的火光映在每个人脸上的景象时，深刻感受到了战争形态的日新月异。真实的战争现场中并没有那么多框框架架，唯有能者方可取胜。

永无休止的大小型局部战争与恐怖主义袭击——且慢，笔者姑且还称其为"战争"与"恐怖袭击"，现实中我们恐怕早已身处"世界大战"的中心地带，这一点也不夸张；而士兵们在战争中使用兵器搏杀的战场格局，想来也是时候扔进历史的垃圾堆里了。

英国退出欧盟源自对德国的不信任

2016 年 6 月 23 日，英国通过国民投票决定退出欧盟。支持留在组织内的卡梅伦首相主动辞职，目前正由特雷莎·梅首相操持"脱欧"进程[1]。英国民众之所以支持英国脱离欧盟，其背景在于每年不得不支付的巨额欧盟会员费用以及对手握欧盟大权的德国所拥有的天生反感，多种情绪错综复杂，凸显出英国国民性中矛盾的一面。而英国人对德国所产生的普遍厌恶情绪，延续自第二次世界大战中对德国的憎恶。

第一次世界大战后，饱尝战争苦果的欧洲反战意识空前高涨，许多国家为了践行反战的承诺缩小军备规模。在这期间，不得不支付大量战争赔款的战败国之一的德国，以振兴经济之

1.2019 年 6 月，特雷莎·梅因脱欧问题陷入僵局而宣布辞职，现由鲍里斯·约翰逊接手其职务。

名将希特勒送上了执政者的宝座。如今针对希特勒的评价多为"恶魔般的独裁者"，但当时苦经济低迷久矣的德国在他的主导下重新调整了经济政策，对德国人来说希特勒仿佛一个救世主，自然获得了大量的支持。

民意拥戴下的希特勒春风得意，他公然无视《凡尔赛条约》中有关限制军备规模的条款，开始酝酿重整军备。这时第一个发觉情况不对并马上敲起了警钟的人，是就任英国首相之前的温斯顿·丘吉尔。他说："要是再对德国的军备行动置之不理的话，欧洲将会被德国再次蹂躏。为了压制德国势力的崛起，英国也必须得增强军备力量了。"但仍处于反战思想高潮的英国民众，并未将他的话放在心上。熟知二战历史的我们可能很难相信，当希特勒向非军事化地带莱茵兰[1]派出驻军时，畏惧应战的英法两国居然敲定了绥靖政策，对驻军行为采取了默认的态度。当 1939 年德国入侵波兰时，英国人才终于意识到丘吉尔所警告的内容是极为明智的。丘吉尔虽在翌年成为新一任英国首相，但德军的进攻已然势不可挡。

顶着巨大的压力，尽管英国最后战胜了德国，但在这场战

---

1. 莱茵兰（Rheinland）指德国西部莱茵河两岸的土地。莱茵兰本为地理名词，但也蕴含政治与文化意义。第一次世界大战之后，协约国联军占领莱茵兰西部，并根据《凡尔赛条约》把该地非军事化。1936 年，纳粹军队占领该地，破坏条约要求。

争中，英国以往打下的殖民地也基本丧失了大半。英国的民众不免慨叹："这样我们还算得上是战胜国吗？"所以从结果上看，英国在第二次世界大战中实则也元气大伤。面对这样的历史包袱，英国对掌控欧盟大权的德国自然有着挥之不去的疑虑。历尽千难万险的欧洲各国虽然最终走到了一起，但近年来援助因财政危机而破产的希腊以及接收数量不断增长的叙利亚难民等等活动，都使得欧盟会费逐年攀升，英国民众当中不满的呼声自然也越来越高："为什么我们非要做到这个地步不可呢？"

为何欧盟无法放弃希腊

先不谈难民问题，如今在希腊的财政出现危机且无意自行重振国家经济的态度之下，为何欧盟还是心甘情愿地进行着巨额的经济援助？有关这个问题，笔者的友人山内昌之与佐藤优对谈的《第三次世界大战陷阱——解读全新的国际秩序与地缘政治》（德间书店）一书中进行了相当轻松易懂的阐述。

实际上希腊的财政并非在近几年才出现问题，早自奥斯曼帝国时期开始，希腊就一直充当着拖后腿的角色，靠着周边的支持才勉强维持着国家的形态；而加入欧盟后，先前固有的老问题就全部暴露出来了。换句话说，就是自奥斯曼帝国时期起，希腊一直都在仰人鼻息。但即便这样，周边地区依旧不吝对希腊的经济援助，更何况对于欧洲而言，希腊可是自己文化上的老祖宗。希腊自己心里也很清楚欧洲不愿割舍"故土"文化的心态，干脆破罐子破摔坐吃等死，"无论再怎么样你们也不会不管我吧"。而事实上，欧盟也同样提心吊胆：要是真的对希腊置之不理，他国势力必然很快就会趁虚而入，以希腊作为攻破欧洲的重要据点。这样一来欧盟便更加骑虎难下，放弃希腊之类的念头也想都不要想。要知道，希腊并不仅仅是欧洲文化的源泉，在地缘政治上也属于重要的战略地带，万一有敌对势力侵入，欧洲就大难临头了，这一点大家都心知肚明。所以无论希腊变成怎样的拖油瓶，大家都不愿轻易放手。

日本人或许对此颇感费解，为何欧盟面对反复违约还不肯自立自强的希腊竟能如此宽容？那正是因为希腊问题的本质，就在欧洲对"故土"的怀念及危机感与希腊心安理得地接受救济之间不断摇摆。但即便是这样的关系，我们也仍能从英国退出欧盟的举动中窥见事态的微妙变化：之前为此承担了费用大头的英国如今不再出资，剩余的欧洲各国显然吃不消这部分金额，最后也唯有依靠德国解决问题；但这也意味着德国的话语权将逐渐放大，而过度依赖德国可能会有将其引至疯狂境地的危险。欧盟未来究竟会走向分裂，或是在德国的统领下得以大获成功？

忽视民族关联导致了国境线上的悲剧

日本的国家形态自古以来便少有变化，所以我们对于国家的聚合离散基本没有什么概念，但这种事情早已在许多国家漫长的历史中上演了无数遍了，而在国家政权频繁变更的大陆地带，比起国家的界限，民族的联系则更为紧密。举个例子，苏维埃社会主义共和国联盟虽已消逝不见，其成员之一的俄罗斯却仍旧生活着与以往保持不变的民族群体，他们以民族血缘为联系在历史中熠熠生辉。从苏联的崩溃中独立出来的主权国家亚美尼亚 [1] 虽冠有全新名号，但其民族主体却拥有着悠久的历史。实际上，世界上第一个定基督教为国教的国家便是亚美尼亚王国 [2]。亚美尼亚在 301 年定基督教为国教，这要比罗马颁布承认基督教信仰地位的《米兰敕令》（313）更早一些。如今的亚美尼亚国土位处土耳其及伊朗的中间地带，这让许多人不禁误以为亚美尼亚同属伊斯兰一族，但其国民在实际上大多属于基督教的亚美尼亚教派。

现在居住在亚美尼亚国内的人口数量约为 300 万人左右，但拥有"Diaspora 的亚美尼亚人"外号的他们，据说约有 500 万左右的亚美尼亚民族人口分散在世界各地。源自希腊语的"Diaspora"一词意为"被抛洒之物"，象征着那些背井离乡生活在别处的民族。这个词虽多用于形容犹太人的生活状态，但亚美尼亚人在某种程度上也能称为"Diaspora"。

亚美尼亚的地形平地稀少、山脉纵横，难以开展有效的全

---

1. 亚美尼亚共和国通称亚美尼亚，是一个位于西亚或外高加索地区的共和制国家，有时也会被视为东欧的一部分。
2. 亚美尼亚王国（Kingdom of Armenia）是一个存在于前 321—428 年的王国，除了提格兰二世于前 83—前 66 年独立外，其余时间都是罗马帝国与波斯的从属地区，最大疆域从里海伸延到东地中海的叙利亚。

体统治，因此亚美尼亚地区从很早开始便在这种环境条件下分割成了一个个小型据点，各自开展自治管理。往后亚美尼亚虽历经土耳其人与蒙古人的支配与统治，但最终依然以亚美尼亚民族的形式存留了下来。规模虽小，却能有如此强大的凝聚力，不得不说这完全是民族维系立下的汗马功劳。犹太民族中虽也保持有这项传统，但唯有亚美尼亚民族在国家的变换更迭中依旧坚挺而历久弥新。如今的日本人要是丧失了国土，是否也能够成为"Diaspora的日本人"呢？笔者对此持保留意见。在安定的国土上待久了的日本人，可说不准是否有亚美尼亚人那样的民族凝聚力呢。

中东与非洲地区也存在着大量年轻的国家，其中有许多国家是人为决定国境线形态的，从那些举目皆然的大量直线便可见一斑。但长久生活在这片土地上的民族实则多不胜数，其民族分界线的划分也绝对不是靠区区一条直线就能草率了事的。根深蒂固的民族联系与人为的国境线之间频生矛盾，正是世界上许多争端产生的来由，对于这一点我们必须拥有清楚的认识。实际上如今非洲的国境线形态，大多划定于第二次世界大战之后，而英、法等欧洲国家与美国在决策该问题时起到了主导作用。因此，这些国境线并不能准确地反映当地人的生活状态与现实想法。

中东地区的问题则更显无辜，这完全是由第一次世界大战中英国的多条协定所带来的悲剧。第一次世界大战中英国无法抓住任何胜利的机会，便转身投入到对阿拉伯民族的支援中去。

那时的阿拉伯民族正筹划着如何从当时的奥斯曼帝国中独立出来，英国眼看时机已到，便与他们约定在战争中提供必要的协助。随后英国便派出了一名间谍人员参与到阿拉伯军队对外的战斗中，而这名间谍便是因电影《阿拉伯的劳伦斯》而广为人知的英国陆军上校托马斯·爱德华·劳伦斯[1]。他奉英国之命令并听从阿拉伯方面的指引，开展了各项支援独立运动的工作。然而没想到的是此时英国又留了一手，英国与法、俄等国以"战后如何瓜分包含阿拉伯人的土地在内的奥斯曼帝国疆土"为议题签署了《赛克斯－皮科协定》[2]并达成了统一意见。

阿拉伯民族在战斗中的表现活跃使得奥斯曼帝国最终分崩离析，而当他们即将见到阿拉伯王国成立的曙光之时，英国则立刻脸色一变，撕毁了与阿拉伯之间的约定并彻底实行了秘密协定的有关内容。劳伦斯回到英国后得到了英雄般的礼遇，但对协定内容完全不知情的他非但毫无喜悦之情，还因背叛了与自己并肩作战的阿拉伯战友而感到万分自责、痛苦不堪。

---

1. 托马斯·爱德华·劳伦斯上校（Thomas Edward Lawrence，常称 T. E. Lawrence，1888—1935）也称"阿拉伯的劳伦斯"（Lawrence of Arabia），是一位英国军官，因在 1916—1918 年的阿拉伯起义中作为英国联络官的角色而出名。
2.《赛克斯－皮科协定》（Sykes-Picot Agreement）是 1916 年 5 月 16 日在英国、法国、俄罗斯之间签订的瓜分奥斯曼帝国的秘密协定。这份协议的草案是由英国的中东专家马克·赛克斯和法国外交官弗朗索瓦·皮科制定的，故有此名。

和平与繁荣为何会令人颓废

日本在战败后迎来了长久的和平与繁荣——这本应是件值得令人高兴的事情，但最近日本人的整体道德素质水准却出现了明显下滑，展现出人性之恶的事件毫不鲜见。以认真与诚实著称的日本企业爆发了数据窜改疑云；精心呵护和养育的孩子被困在家中并为父母所杀害……如此种种，不胜枚举。在大战中不幸牺牲的历代祖先们要是看到如今日本的这般景象，想必也会慨叹："我怎么会为这么个国家拼死搭上了自己的性命？"但是这种现象并不仅限于日本，但凡经历过长久繁荣的国家必然会陷入颓废，不论国别，也不论时代。实际上，在人类漫长的历史当中，战争与和平、繁荣与颓废的戏码亦屡屡登场，这其中罗马帝国所表现出的新陈代谢则尤为突出。

如前文所述，共和政治时期的罗马权威之盛，曾让希腊的使节惊呼"在场的 300 位元老院贵族宛如成群的王者"，即便到了凯撒在位时期，气势凛然、威严端庄的人物同样多不胜数。然而不到百年的时间内，"暴君"尼禄便粉墨登场；时间来到 3 世纪时，头顶"史上最恶劣的君主"之名的埃拉伽巴路斯更以其颓废至极的性癖而臭名远扬。国家顶层尚且混乱至此，上行下效则成为必然。罗马帝国的繁荣时期，以骗取遗产为目标的诈骗行为十分猖獗：诈骗者操着花言巧语接近那些拥有财产的老人们，并诱导其将自己的名字写在遗书当中，以此掠取大量的利润。诈骗者手段之阴险、面目之可憎，与现在流行的"猜猜我是谁"电话诈骗行为相比有过之而无不及。

每个时代里都不缺伟大人物的存在，但其数量也自然会随着社会的持续繁荣而逐渐减少并渐趋于无，社会整体的道德观念水准也开始步入沦丧。有趣的是，道德水平下降的同时也会让人们的行为态度愈发"温柔"起来。换个角度来看，这可能叫作缺乏必要的严谨，或也能称其为优柔寡断，但人们在颓废的潮流当中确实展现出了对自己或他人更为"温柔"的一面。倒不如说，现在的日本有点"温柔"过头了，而这种"温柔"也绝非真正意义上的"温柔"。真正的温柔，应是在保留自己本真内在的同时，不忘向周围的事物散发出应有的宽容。

人类社会一旦繁荣，必将颓废——虽然历史已经向我们反复证明了这一点，但人类至今仍未找寻到解决这个问题的方案。该怎样做，才能营造出杜绝了颓废现象且保持和平与繁荣的稳定社会呢？这不仅是笔者，也是诸位都应该认真思考的历史终极问题。

后 记

笔者在大学教师生涯开启的前三年中都待在法政大学第一教养部里,随后的28载光阴则奉献给了东京大学教养部。而现在,身处早稻田大学国际教养学部的笔者依旧坚持言传身教、笔耕不辍。回顾这些岁月,笔者常常苦笑着与各位说道:"'素养'是一种必备技能。"

作为研究者,埋头钻入史料与文献中搜寻素材是家常便饭;伏于台前奋笔疾书不过司空见惯。但当笔者拿起教鞭时,一直都在努力尝试将富有"素养"的历史知识传授给学生们,而这些都是人类成长阶段中必不可少的精神食粮与营养素。书中所融入的个人见解与人类历代的经验之谈,要是未被细心阅读且投以关注之情的话,那就实在太可惜了。

笔者在传统意义上虽然只是研究罗马史的专家,但大学的课程讲义基本都是从全球历史的视野出发并进行讨论的。当笔者阅读本书的校样稿件时,发现其内容与课上讲授的内容多有重合,立于讲坛之上传道授业之感油然而生。从这个意义上讲,本书可谓是一名历史教育者的完整化身了。

在本书的编辑过程中,多有承蒙 PHP 出版集团的铃木隆先生各方面的关照。另外,板垣晴己先生同样为本书的编辑协助提供了莫大的支持。感谢之情,无以言表,谨再三致谢。

本村凌二

青山依旧在，几度夕阳红

——《文明的兴衰》出版后记

因为疫情禁足的关系，出行的机会少了，而读书的时间多了起来；于是乎，在这中间少不得唏嘘辗转于世界文明的兴衰成败——而这本于疫情前购买于日本东京大手町附近的国际版权交易会上的日文书，恰成了这种感叹评论的绝好伴侣。

本书作者专治罗马史，曾先后执教于日本东京大学和早稻田大学，感叹于人类过去历史与现代国际事务之间千丝万缕的联系和相似性，又惊诧于一般没有专业训练的人不负责任地对历史做毫无根据的臆测和评断，遂写作此书——算是一个专业学者对现今一般世界史最常见问题的回应和评论。

本书不是一本按时间顺序讲述世界历史的编年史，而是作者按重点对世界文明发展史做出的日本视角的阐发和诠释，其中有相当一部分是作者个人的推断和"研究"成果，而有些也只是他个人的一种猜测或"管窥"之见，诸如此类的文字或议论，想必诸君在阅读时自能辨别其中之"合理"性和"不合理"性，在此不多言。这里想表白的是，作者始终强调的古代史与现代史的切近性和与当代事务的可类比性——这也是我们阅读历史的真正旨趣所在；当然，写得好的历史书总是擅长讲故事的，而这种故事性也是我们不断阅读历史的动力所在。

对于那些在阅读历史的同时也进行思考的读者来说，本书将是一本砥砺切磋的好伴侣。在作者的陪伴和提示下，我们可以把往昔历史中的精彩场面再做一次"回放"，并就着作者提供的材料和议论对一些旧事做些新的思考——比如，南美没有在人类早期出现重大文明，难道真是因为他们没有马这个物种么？而日本，他们没有在人类古代重大文明中占有一席之地，难道也只是因为他们没有解决"干燥"问题么？"3世纪危机"是不是同时发生于西方的古罗马和中国的汉王朝？如此等等，不一而足，也算是我们读史诸多乐趣中的一种吧……

16世纪英国伊丽莎白治下的英国大法官、哲学家弗朗西斯·培根曾经说过，"读史使人明智"——这"明智"，应该是指再遇到同类事情时人类会处理得更好；但19世纪的德国古典哲学家、曾写出煌煌《历史哲学讲演录》的黑格尔又不无嘲讽地观察到，"人类从历史中学到的唯一教训就是，人类从历史中学不到任何教训"。而我们作为一般的读者，得到或得不到教训其实均无任何意义——我们只不过读到会心处，换来莞尔一笑而已……

日本作者写书，惯有拉家常的风格，这在本书中也有表现，但这种写法可能正是本书的优点所在。因为高深的历史书变得不那么高高在上了，而有了有如日本庭院式的浅近感和亲切感，使我们能与作者一道同游于共同感兴趣的历史盛境中而没有任何疏离和生僻感——这也许就是日式写法的"讨巧"之处吧。希望各位能与我一样享受到阅读此书时那种亲近又熟悉的感觉……

最后，还要感谢这本书的译者吴宇鹏，他在翻译中对正文中出现的每一个关键术语（包括人名、事件、专有名词和宗教中的重要概念，等等）都给出了极周到和详尽的注解；对他这种对读者极负责任的做法，在此深表感佩之情。

本书策划人　申明